学院地址

乘车路线

火车站乘 1 路、106 路，汽车西站乘 101 路，汽车东站乘 19 路可直达湖南电气职业技术学院，其他经过学院车次：102 路，117 路，8 路，16 路。

校园平面图

1　办公楼
2　第二教学楼
3　第三教学楼
4　机械实训楼
5　实训工厂
6　第一教学楼
7　校大门
8　食堂
9　学生宿舍
10　新能源大楼
11　综合实训楼
12　图书馆
13~15　学生公寓
16　篮球场
17　田径场
18　学生素质中心

● 办公楼

追梦
Chasing Dreams

● 景观小品

追梦
Chasing Dreams

校园景观

图书馆、学生食堂、招生就业处

学生公寓

学生素质教育中心

校园生活－文化素养篇

校园生活－艺术风采篇

校园梦工厂－实训工厂

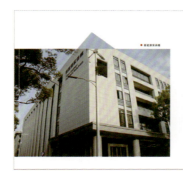

风能学院新能源实训大楼及风电科技展厅

电梯学院电梯实训基地及电梯展厅

汽车学院实训大楼

经管学院实训工作室

梦想，从这里起航
——大学学习生活指南

主　审　赵　丹
主　编　刘　雯　郭　辉　胡　烽
副主编　杨　琦　彭弈臻　胡朝宪
　　　　段慧兰　朱建军
参　编　周　伟　何　信　王雯青
　　　　钟韵漪　崔添添　李　佳

北京理工大学出版社
BEIJING INSTITUTE OF TECHNOLOGY PRESS

版权专有　侵权必究

图书在版编目（CIP）数据

梦想，从这里起航：大学学习生活指南／刘雯，郭辉，胡烽主编．－－北京：北京理工大学出版社，2021.9（2022.8重印）
ISBN 978－7－5763－0332－2

Ⅰ．①梦… Ⅱ．①刘… ②郭… ③胡… Ⅲ．①大学生－学生生活－高等职业教育－教材 Ⅳ．①G718.5

中国版本图书馆 CIP 数据核字（2021）第 187980 号

出版发行 /	北京理工大学出版社有限责任公司
社　　址 /	北京市海淀区中关村南大街 5 号
邮　　编 /	100081
电　　话 /	（010）68914775（总编室）
	（010）82562903（教材售后服务热线）
	（010）68944723（其他图书服务热线）
网　　址 /	http://www.bitpress.com.cn
经　　销 /	全国各地新华书店
印　　刷 /	唐山富达印务有限公司
开　　本 /	710 毫米 × 1000 毫米　1/16
印　　张 /	9.75
彩　　插 /	4
字　　数 /	168 千字
版　　次 /	2021 年 9 月第 1 版　2022 年 8 月第 2 次印刷
定　　价 /	36.00 元

责任编辑／江　立
文案编辑／江　立
责任校对／周瑞红
责任印制／施胜娟

图书出现印装质量问题，请拨打售后服务热线，本社负责调换

前　　言

取日新以图自强，去因循以厉天下。

——康有为

大学是一座宝藏，期待你们能获得开启大门的钥匙；

大学是一个五彩缤纷的世界，期待你们能投入其中而不迷路。

奋斗数年，决战高考，亲爱的同学们，祝福你们，历经多载寒窗苦读，承载多少期盼希望，即将迎来人生最精彩的一幕、最美的一页。

湖南电气职业技术学院欢迎你！

步入湖南电气职业技术学院，你们将面临新的学习环境、新的生活环境、新的人际关系、新的管理制度，甚至一个全新的自我……此时，你们可能会感到迷茫，感到困惑。本书编写的目的就在于能为你们解答疑惑，为你们的行动指南，让你们在大学征程中胸有成竹、昂首阔步！本书共五章，涵盖入学适应、学习学业、规章制度、情感心理等环节的方方面面。希望本书能成为你们大学生活中的指南针，能让你们在接下来的三年充分准备、未雨绸缪。

当然，寥寥数万字绝不可能解决你们大学生活中的所有问题。你们若能从中获取所需，受到启示，把握方向，实现希望，编委会的所有成员便无遗憾了。当然，大学三年，你们要学得出色，活得精彩，走得顺畅，还需要根据自己的实际情况不断探索与总结。祝愿你们三年后能成为理论扎实、技能一流、素养优秀的大学生。

亲爱的同学们，大学，是学习知识的天堂，是构筑未来的摇篮，多少人用诗一般语言在讴歌大学那激情燃烧的岁月，又有多少人在为年少的轻狂和不经意间虚度的青春而扼腕长叹。亲爱的同学们，书山有路，学海无涯，勤能补拙，苦亦甘甜……

当鸟儿唱起第一首歌曲，
当晨钟奏响第一个音符，
请冲破夜幕与迷雾，
用激情和坚毅托起心中的太阳，
用真诚和斗志充实青春，充实大学！

2020 年 7 月

寄 语 新 生

1. 要思考"我是谁?"这是角色定位和角色认同问题。对"大学生"这一角色，如果模糊不清，就会出现角色错乱，大学生活有可能成为"大混生活"。

2. 要思考"我来做什么""该怎么做"，这是定位和态度问题。在大学干什么？是单纯求学，两耳不闻窗外事，还是修身、齐家、治国？是被动求学还是主动奋斗？选择不同，最后文凭的含金量截然不同。

3. 要思考"我到哪里去?"这是定向问题。进入大学，前途选择并没有结束。将来是毕业直接工作，还是继续深造？是成为蓝领、白领，还是成为金领？不管怎样选择，改变命运的钥匙掌握在自己手里，成功的机遇总是偏爱有准备的人。

4. 要有正确的容貌观。不论男生还是女生，如果在大学里过分重视容貌的话，可能不会吃亏，但是迟早会吃亏。

5. 要有正确的公平观。面对不公平的东西，不要抱怨，你的不公平可能恰恰是别人的公平。所以，你不如去努力奋斗，争取你自己的公平。

6. 要有正确的爱情观。大学可能有真实的爱情，但是也有可能是因为别人都谈恋爱而羡慕或者别的原因而聚在一起。所以，不必为任何分手而受太大的伤，当然，真爱，还是值得追求的。

7. 要重视尊严。尊严是最重要的，在大学里，要懂得利用这个空间锻炼自己，要让自己的尊严有足够大的承受力。

8. 要厉行节俭。如果你的家庭一般，那么记得为了你的家人和你自己的前途，永远别乱花钱；如果你的家庭富足，也要永远记住你用的钱是你爸爸妈妈的血汗钱。

9. 要努力。记住，永远记住，在社会上要胜利的唯一的方法永远只是一个，那就是实力，永远不用怀疑。

10. 要多去图书馆。如果你三年内很少去图书馆的话，你就等于自己浪费了一大笔财富。所以，经常去那里，随意翻翻，都有收获。

11. 要学会从头开始。进入大学，就是一个新的环境，接触新的人，你的所有过去对于他们来说是一张白纸。大学学习期间是你最好的重新塑造自己形象的时候，改掉以前的缺点，每进入一个新的环境，都应该以全新的形象出现。

12. 要学会改变自己。大学学的不仅仅是知识，也还有为人处世的本领。大学之前你比较内向，上了大学一定要改变自己，好好利用在公共场合说话的机会，锻炼或者展示自己。

13. 要拥有独立思考的能力。对这个世界有自己的见解；在众说纷纭中要有自己的看法；甚至在问别人的问题时，你自己也要有一定程度的思考。

14. 要做到"知行合一"。对于经过大浪淘沙走进象牙塔里的你来说，知识、方法可以很快掌握，但是良好的习惯、优秀的品质、高尚的品德却不是朝夕就可以形成的。只有把求知与做人完美地结合起来，才能成长为一个对社会有用的人，才能真正实现自己的价值。

15. 要关心社会。大学是个小社会，生活在这个环境中，最重要的是要适应这个环境，你才能更好地驾驭大学生活。在宿舍一定要和宿舍同学相处好，如果连自己一个宿舍的同学都相处不好的话，那你做人就有问题了。如果可以的话最好竞选班干部或者学生会干部，锻炼一下自己的能力。学会宽容，这一点至关重要，宽待一切，包括老师、同学和你身边的环境，这样你才能真正快乐起来！

青春的美丽离不开理想的放飞，放飞的理想如果没有拼搏的汗水、挫折的洗礼、智慧的凝聚，理想就只能是虚妄的幻想。请记住：

奋斗——理想的力量；

信心——理想的支柱；

知识——理想的钥匙；

兴趣——理想的磁石；

创造——理想的火花；

奋斗——通向理想之峰的阶梯；

健康——实现理想的本钱；

纪律——实现理想的基本保证……

亲爱的同学们，天道酬勤！播撒希望的种子，辛勤耕耘，翘首以待下一个丰收的秋天！

目　　录

第一篇　温暖·电气

第一章　校园认知 ··· 3
第一节　学院概况 ··· 3
第二节　学院的机构设置 ··· 6
　一、党政办公室 ··· 6
　二、组织人事部 ··· 6
　三、宣传统战部 ··· 6
　四、财务处 ·· 6
　五、教务处 ·· 6
　六、学生工作部、团委 ·· 6
　七、招生就业处 ··· 7
　八、后勤与资产管理处 ·· 7
　九、图文网络信息中心 ·· 8
第三节　四个二级学院简介 ·· 8
　一、风能工程学院 ··· 9
　二、电梯工程学院 ··· 10
　三、经济管理学院 ··· 11
　四、汽车工程学院 ··· 11
第四节　大学生活面面观 ··· 12
　一、学院地址 ·· 12
　二、学院餐饮地点 ··· 12
　三、购物中心 ·· 12
　四、银行 ··· 12
　五、医疗 ··· 12
　六、市内乘车路线 ··· 12
第五节　学院主要机构电话号码及位置 ································· 13

第六节　学院常用网站地址以及微信平台……………………………… 14
第二章　心理健康……………………………………………………… 16
第一节　什么是成长辅导室……………………………………………… 16
第二节　二级学院成长辅导室…………………………………………… 16
　一、经济管理学院阳光特色成长辅导室……………………………… 16
　二、风能工程学院快乐成长辅导室…………………………………… 17
　三、电梯工程学院"青春向上4+X"特色成长辅导室……………… 18
第三节　了解学院心理健康教育中心…………………………………… 19
　一、心理健康教育中心五大功能室…………………………………… 19
　二、心理健康教育中心日常工作……………………………………… 20
第四节　心理咨询须知和预约流程……………………………………… 21
　一、心理咨询须知……………………………………………………… 21
　二、心理咨询约谈预约流程…………………………………………… 22

第二篇　成长·电气

第三章　规章制度……………………………………………………… 25
第一节　国家法规文献…………………………………………………… 25
　普通高等学校学生管理规定（教育部修改版）……………………… 25
第二节　学院章程………………………………………………………… 37
　一、湖南电气职业技术学院章程……………………………………… 37
　二、湖南电气职业技术学院学生管理规定（修订版）……………… 53
　三、湖南电气职业技术学院学生违法、违规、违纪处分条例……… 69
　四、湖南电气职业技术学院宿舍管理规定（试行）………………… 74
　五、湖南电气职业技术学院学生宿舍公共物品损坏赔偿办法与标准…… 79
　六、湖南电气职业技术学院走读学生管理办法……………………… 83
　七、诚信银行制度管理办法（修订）………………………………… 83
　八、湖南电气职业技术学院学生思想品德测评细则………………… 85
　九、湖南电气职业技术学院关于推荐优秀团员作为党的发展对象工作的实施办法……………………………………………………………… 88
　十、湖南电气职业技术学院勤工助学管理办法（修订）…………… 91
　十一、湖南电气职业技术学院学生校外实习管理制度……………… 94
　十二、湖南电气职业技术学院毕业生就业管理暂行规定…………… 95

十三、湖南电气职业技术学院毕业生就业工作暂行办法 ·················· 96
十四、湖南电气职业技术学院素质教育实施办法 ······················· 100
十五、湖南电气职业技术学院创新创业教育实施方案 ··················· 104

第三篇　活力·电气

第四章　学院四大活动月、两大节 ······································ 115
第一节　心理健康活动月 ··· 115
第二节　书香校园活动月 ··· 116
第三节　校园艺术展活动月 ··· 117
第四节　感恩诚信活动月 ··· 117
　一、"孝文化"主题班会 ··· 118
　二、受助学生座谈会 ·· 118
　三、"励志、诚信、感恩"征文 ··································· 118
　四、"自强之星"评选活动及"自强之星"报告会 ···················· 118
　五、"做一次义工"——用行动回报社会活动 ························ 119
第五节　大学生创新创业节 ··· 119
第六节　寝室文化艺术节 ··· 119

第五章　大学里的学生组织 ·· 120
第一节　校团委 ··· 120
第二节　学生会 ··· 120
第三节　社团联合会 ··· 121
　一、蓓蕾文学社 ·· 121
　二、博学书画协会 ·· 121
　三、演讲与口才协会 ·· 122
　四、羽毛球协会 ·· 122
　五、棋艺协会 ·· 122
第四节　广播站 ··· 122
第五节　青年志愿团 ··· 123
第六节　大学生艺术团 ··· 123
第七节　国旗护卫队（校卫队） ····································· 123

第六章　竞赛 ··· 124
第一节　挑战杯比赛 ··· 124

第二节　黄炎培职业教育创业规划大赛 …………………… 125
第七章　评优评奖制度 …………………………………… 126
第一节　湖南电气职业技术学院学生校级奖励办法 ………… 126
第二节　湖南电气职业技术学院国家奖学金评定办法 ……… 129
第三节　湖南电气职业技术学院国家励志奖学金评定办法 … 132
第四节　湖南电气职业技术学院国家助学金评定办法 ……… 134

第四篇　腾飞·电气

第八章　创新创业·竞赛情况 …………………………… 139
第一节　湖南电气职业技术学院关于加强大学生创新创业工作的实施
　　　　意见 ……………………………………………… 139
第二节　湖南电气职业技术学院大学生创新创业活动实施方案 ………… 142
后记 ……………………………………………………… 146

第一篇 温暖·电气

第一篇 劍影·申戶

第一章

校 园 认 知

第一节　学院概况

　　湖南电气职业技术学院是全日制公办普通高等学校，由大型国有骨干企业湘电集团有限公司主办，湖南省机械工业行业管理办公室督办指导，是全国成立最早的技能人才培养基地，前身为1941年的国民政府资源委员会中央电工器材总厂艺徒训练学校。学院历经80载岁月变迁，校名几经变更，2006年4月经湖南省人民政府批准由湖南机电职工大学和湘潭机电技术学院合并成立高职院校。

　　学院坐落于湘潭市岳塘区下摄司，毗邻湘潭市高新区，共两个校区，占地面积296亩，建筑总面积107 121.52平方米，在校学生8 000余人，教职工320人，学院以全日制高等职业教育为主，学历教育与职业培训并举，现有4个系、3个教学部、6个校企双主体二级学院，适应湘电集团、长株潭和湖南"三高四新"战略发展需求，开设了风电技术、电梯工程技术、汽车技术与服务、生产性服务4个专业群，共21个专业，形成了以新能源装备与先进装备制造类专业为特色、机电类专业为主体的专业格局。现有省部级以上示范（重点、骨干、特色）专业8个，其中2个中央财政支持专业、2个全国机械行业特色专业、1个全国机械行业高素质技能人才培养创新试点专业；省部级及以上重点支持建设的实训基地数7个，其中2个中央财政支持实训基地。

　　学院以服务为宗旨，以就业为导向，依托企业，立足长株潭，面向湖南，走校企合作办学之路，取得可喜成绩，先后被确定为"国家首批高技能人才培养基地1""国家职业技能鉴定所1""全国机械行业骨干职业院校1""全国机械行业校企合作与人才培养优秀职业院校""全国机械行业合作培养高素质技能人才创新建设学校""全国新能源职教集团核心院校""中德风电合作项目组核心院校""中央财政支持的职业教育实训基地""湖南省青年职工培训基地""湖南省汽车制造业高技能人才培养培训基地"和"湖南省示范性（骨干）高等职业院校"，获"全国高等职业院校魅力校园""全国五四红旗团委""湖南省职业教育先进单位""湖南省毕业生就业工作优秀单位"等荣誉称号。

1. 办学宗旨：以人为本，立德树人。
2. 校训：忠信敏确　匠心　守拙。
3. 校风：厚德、善教、勤学、精艺。
4. 教风：爱生善，导言传身教。
5. 学风：乐学多，思学以致用。
6. 校徽（见图1-1）。

校徽释义：

图1-1　校徽效果图

徽志运用举办者单位形象识别系统蓝白主色系元素，并以外环套圆形徽标，充分体现学院坚守初心及"厂中校""校企融合"的特色办学体制。学院前身为国民政府资源委员会中央电工器材总厂艺徒训练学校，徽标中间部分沿用原中央电工器材厂徽章中的"电"字创意符号，"1941"代表学院的建校时间，象征着学院办学历史悠久，文化底蕴浓厚。同时该标识也是电气英文"ELECTRICAL"前三个字母的组合，体现学院四个特色专业群中"风电、电梯、电商、电车"的涉"电"特色、传统和方向。其中字母"E"包含"电气、教育、能量"含义，凸显学院坚守"产教融合"理念；中间字母"Z"包含"中国、职业、忠信敏确"含义，表达学院扎根中国职业教育的历史和信念。中间"Z"也是"工"字变体，彰显学院对工业文化和工匠精神的传承和发扬。圆形徽标外围采用电机定子齿轮设计，象征学院源远流长的工业背景和对工匠精神的传承，体现学院根植于机电一体化与先进装备制造技术，服务国家制造业发展。上方8个轮齿代表学校历经80周年的风雨历程，并将继往开来，始终立足于中国职业教育发展的前沿，服务国家制造业发展，在时间的长河中生生不息、周而复始、源源不断为国家输送技术技能型人才。外环部分，采用学院的中文校名手写体与英文全称相结合，圆形徽标的上方为学院中文校名，下方是学院英文名"HUNAN ELECTRICAL COLLEGE OF TECHNOLOGY"，辨识度高，大气庄重。校徽标志底色为蓝色+白色，代表理性、严谨、忠诚、专注，象征着万鸟翱翔过深邃的天空，也寓意着莘莘学子徜徉在无边无际的知识海洋，诠释着电气人努力奋进的精神品质！

7. 校歌《电气之歌》（见图1-2）

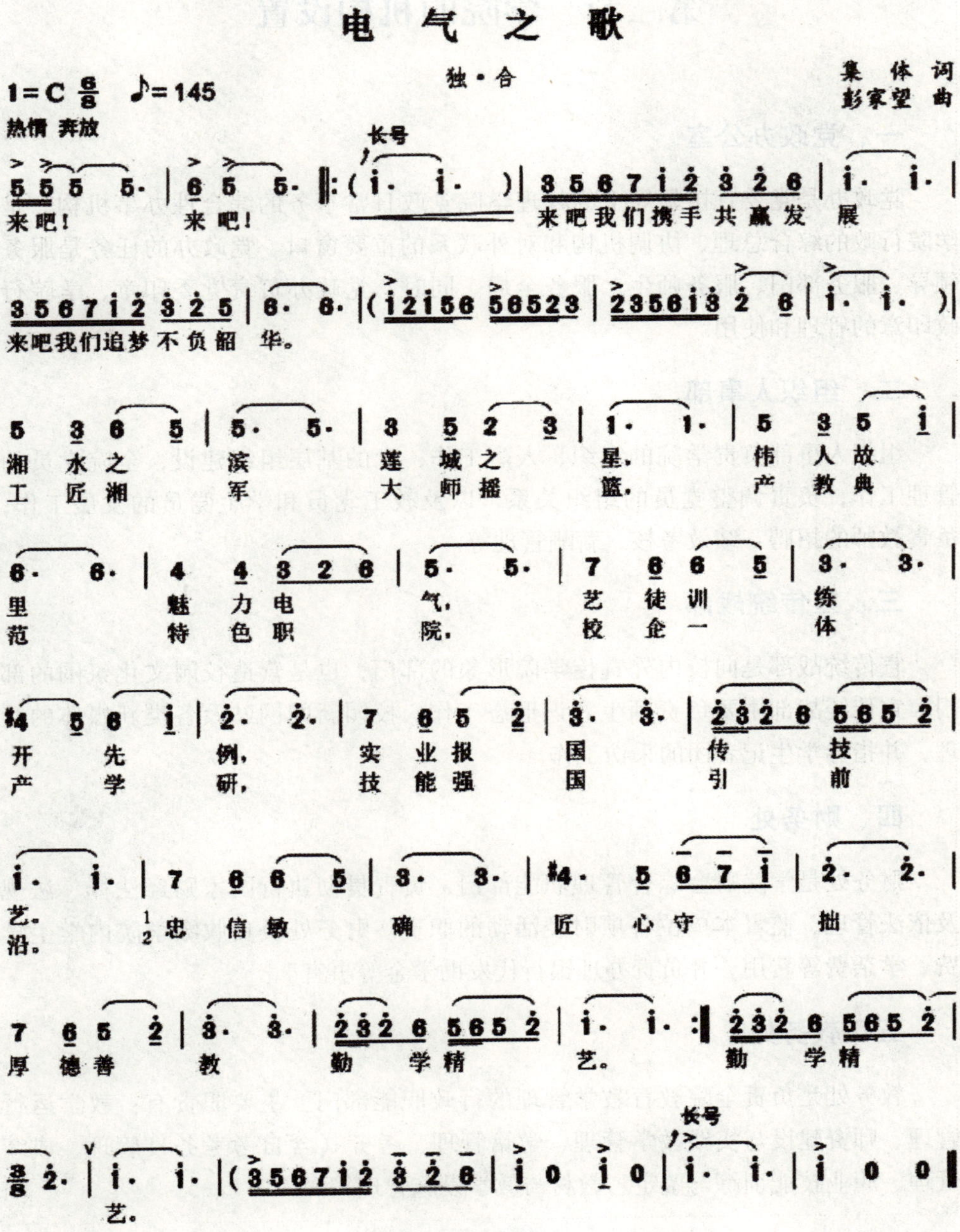

图1-2 校歌简谱

第二节 学院的机构设置

一、党政办公室

党政办是党委直接领导下的处理学院党政日常事务的综合性办事机构，是学院行政的综合总理、协调机构和对外联系的重要窗口。党政办的任务是服务领导、服务部门、服务师生、服务全局。同时，党政办负责党委印章、学院行政印章的管理和使用。

二、组织人事部

组织人事部负责学院的组织、人事工作，党的基层组织建设，全院党员的管理工作，负责调整党员的组织关系，以及教工党员和学生党员的发展工作；负责教师的招聘、绩效考核、薪酬管理等。

三、宣传统战部

宣传统战部是向校内外宣传学院形象的部门，也是营造校园文化氛围的部门。宣传统战部主要负责师生意识形态工作、校园新闻网站及各类新媒体的管理，并指导学生记者团的采访工作。

四、财务处

财务处是学院财会综合管理职能部门，负责贯彻执行国家财经法律、法规及依法管理、监督本单位各项财经活动的职责。财务处负责收缴学院内学生学费、学杂费等费用，并负责办理银行代发助学金等事宜。

五、教务处

教务处是负责全院教育教学管理的行政职能部门。主要职责有：教学运行管理、师资建设与实践教学管理、学籍管理、考务（含自考考务）管理、成绩管理、职业技能训练与鉴定、教材与教学设施管理等。

六、学生工作部、团委

学生工作部、团委是从事学生教育、管理和服务工作的职能部门。学生工作部下设保卫处。

学生工作部主要职责有：指导各二级学院学生工作领导小组开展学生日常管理工作，负责辅导员队伍、学生干部队伍的建设、管理、考核工作；负责全院学生的综合测评、评先评优等工作，负责全院学生的扶贫济困工作，统筹安排全员性勤工助学活动；负责学生的助学金、奖学金、勤工助学金、临时困难补助等分配，并负责其审核、发放工作；负责制定、修订有关学生管理的规章制度；负责全院学生的违纪处分及申诉处理工作；指导各分院做好学生档案的管理工作；协助保险公司开展学生保险的办理及理赔工作；管理学生宿舍；负责指导学生会开展工作，组织学生开展文化、艺术、体育、科技等课外活动，培养校园文化氛围，加强校园精神文明建设；负责全院共青团员的教育、培训、管理工作，优秀共青团员的入党推优工作。

保卫处主要负责学院安全管理工作，指导和督促校内各单位做好安全防范工作，保护现场，协助有关部门查处各类案件和事故；负责学院治安、交通、消防安全管理工作，落实各类安全责任人，组织安全检查，督促安全隐患整治；负责校园日常巡逻执勤及校内安全宣传和法制教育，组织做好校园的群防群治工作；负责学生户口的管理工作。

七、招生就业处

招生就业处的职责是负责学院学生的录取和报到工作，以及学院学生毕业时的就业和离校工作。在就业方面，招生就业处主要负责组织开展就业宣传工作，联系用人单位和宣传媒体，拓宽毕业生就业渠道，建立广泛的就业基地；积极收集、整理并及时向全院发布需求信息；组织校园招聘活动；负责就业指导工作，面向毕业生开展日常就业指导与咨询；开展职业能力测试；组织开展全院就业工作人员培训；配合教务处、学生工作部开展毕业教育工作。

八、后勤与资产管理处

后勤服务管理部门包括后勤处和物业管理服务中心、医务室。后勤处主要负责学院的资产、食堂、水电服务、绿化、车队等方面的管理工作；物业管理服务中心主要负责全院的物业维护、校园环境卫生管理等方面的工作。医务室是面向全院师生的医疗服务部门。除了日常的治疗工作外，其主要任务是贯彻"预防为主"的学校卫生工作方针，监测学校人群的健康状况；开展学校健康教育；负责学校常见病和传染病的防治。

九、图文网络信息中心

图文网络信息中心的图书馆现有藏书 16 万余册，现刊近 300 种、报纸 60 余种。图书包括哲学、社会科学、自然科学和工业科学等门类，其中工业技术、经济管理、计算机类文献为馆藏特色。图文网络信息中心拥有《超星数字图书馆》《中国知网数据库》《龙源期刊网》《博看期刊数据库》等多个数据库。图文信息中心总面积 3 000 平方米，现设有社科图书借阅厅、自科图书借阅厅、报纸期刊阅览室、电子阅览室、综合藏书室等。图文网络信息中心实行系统化、一门式管理。

第三节　四个二级学院简介

湖南电气职业技术学院四个二级学院机构及专业如图 1-3 所示。

湖南电气职业技术学院

- 风能工程学院
  - 新能源装备技术专业（湖南省特色专业）
  - 风力发电工程技术专业（中德合作组织GIZ试点专业）
  - 电机与电器技术专业（全国机械行业特色专业、湖南省特色专业）
  - 电气自动化技术专业（学院重点建设专业）
  - 智能控制技术（学院重点建设专业）
  - 工业机器人技术（学院重点建设专业）

- 电梯工程学院
  - 电梯工程技术专业（湖南省"十二五"重点项目建设专业）
  - 机械设计与制造技术专业（湖南省"十二五"重点项目建设专业）
  - 机电一体化技术专业（中央财政支持建设专业、湖南省精品专业）
  - 数控技术专业（学院重点建设专业）
  - 城市轨道交通机电技术专业（学院重点建设专业）

- 汽车工程学院
  - 汽车制造与试验技术（湖南省汽车高技能人才培养培训基地）
  - 汽车技术服务与营销（湖南省汽车高技能人才培养培训基地）
  - 新能源汽车技术（湖南省汽车高技能人才培养培训基地）
  - 汽车智能技术（学院重点建设专业）

- 经济管理学院
  - 现代物流管理专业（中央财政支持建设专业）
  - 大数据与会计专业（中国银行校企合作专业）
  - 电子商务专业（学院重点建设专业）
  - 跨境电子商务专业（学院重点建设专业）

图 1-3　湖南电气职业技术学院二级学院机构图

一、风能工程学院

风能工程学院已有20余年的办学历史，现设有电机与电器技术专业、新能源装备技术专业、风力发电工程技术专业、电气自动化技术专业、智能控制技术专业、工业机器人技术专业，在校生1 700余人。下设三个专业教研室，有专兼职教师76人，校内专职教师及行政人员41人，其中，拥有研究生学历的教师32人；教授3人，拥有中高级职称的教师26人，"双师型"教师达80%以上；校外兼职教师35人，均由企业高级工程师、行业专家担任，其中拥有高级职称的22人。

风能工程学院紧扣企业人才需求，对接产业设置专业，深化"订单培养+顶岗实习"的工学结合人才培养模式，与知名企业携手进行订单培养，特别是依托湘电集团，与其下属分公司共建了校企双主体的"湘电电机学院"和"湘电风能学院"，学生"进校即进厂"，实行"专业共建、人才共用、资源共享、学员共培"。因此，风能工程学院毕业生深受用人单位的青睐，就业质量高，目前各专业毕业生就业率达95%以上。

风能工程学院各专业获得荣誉如表1-1所示。

表1-1 风能工程学院各专业获得荣誉一览表

专业名称	获得荣誉	专业名称	获得荣誉
风力发电工程技术专业	中央财政支持"风力发电设备制造与安装"实习实训基地	电机与电器技术专业	湖南省教育改革试点专业
	湖南省"十二五"重点建设特色专业		全国机械行业技能人才培养特色专业
	全国机械行业高素质技能人才培养创新试点专业		湖南省"十二五"重点建设特色专业
	专业人才培养方案获全国机械高等职业教育教学成果一等奖		中央财政支持实训基地建设项目
	"风力发电机组的运行与维修"课程设计获全国机械高等职业教育教学成果"三等奖"	电气自动化技术专业	学院技能大师、专业带头人方鸳翔荣获"全国机械工业先进工作者"称号
	中德合作风电场运行和维护技术人才培训项目核心院校		2012年湖南省高等职业院校专业技能抽查获"优秀"
	中德合作风电场运行和维护技术人才培训改革试点班		学院重点建设专业

二、电梯工程学院

电梯工程学院办学历史悠久、实力雄厚、特色鲜明、教学资源丰富，设有电梯工程技术、机电一体化技术、机械设计与制造、数控技术、城市轨道交通机电技术等5个专业。其中，机电一体化技术专业是中央财政支持的重点建设专业，模具设计与制造专业是湖南省省级教改试点专业，数控技术是学院重点建设专业，机械设计与制造专业是湖南省生产性（教师）实训基地建设专业。

（一）优秀的教师队伍

电梯工程学院现有教职工50余人，其中专任教师40人，"双师型"教师达90%以上，省级优秀教师4名，省级青年骨干教师1人，全国技术能手3人，省级技术能手2人。设有电梯、机电、数控、机制、制图等五个教研室，教师队伍结构合理，业务精湛，爱岗敬业，教师均具有扎实的专业基础和丰富的实践经验。

（二）学训一体的综合实习实训基地

电梯工程学院拥有机械工程实训中心1个，电梯实训基地1个，设有董日中技能大师工作室、数控车削实训室、数铣（加工中心）实训室、数控仿真实训室、车削实训室、铣削实训室、全进口钳工实训室、特种加工实训室、冲模学训室、塑模学训室、电梯功能实验室、电梯故障诊断实验室、电梯部件学训室、机械创新工作室等20多个实验实训室。教学设备和仪器达350余台（套），总价值达2 000余万元；同时拥有湘电集团、海诺电梯、德力通电梯、崇德科技等多个校外实习实训基地，为培养技术技能型人才提供了可靠的保障。

（三）校企深度融合建设二级学院——奥的斯电梯技术学院

湖南电气职业技术学院聚焦电梯产业，构建以"全国机械装备制造类示范专业"——电梯工程技术专业为核心的专业群，组建"奥的斯电梯学院""奥的斯电梯实训基地""湖南省电梯从业人员培养培训基地""德力通电梯技术研究所""德力通电梯产学研基地"五大产教融合平台，实践"两车间、双岗位"现代学徒制人才培养模式，为电梯产业培养高素质技术技能型人才。近年来，该专业群输送覆盖电梯产业链各类技术岗位的毕业生815人，完成各类电梯技术人才培训鉴定5 313人，申报发明专利6项、实用新型专利32项，"电梯专业现代学徒制人才培养模式的创新与实践"项目获全国机械行业职业教育教学成果展特等奖。

三、经济管理学院

经济管理学院是湖南电气职业技术学院紧跟时代发展脉搏、紧扣社会人才需求应运而生的一个年轻学院，现设现代物流管理、电子商务、跨境电子商务、大数据与会计等热门专业。

经济管理学院拥有一支爱岗敬业且教学水平较高的师资队伍，现有专兼职教师62人。校内专任教师及行政人员27人，其中拥有博士学历的教师2人，拥有硕士学历的教师13人；教授3人，副教授6人，硕士生导师1人，"双师素质"教师6人；有企业行业工作经历的教师10人，专业带头人6人。校外兼职教师主要由企业行业专家担任，并定期对经济管理学院各专业人才培养方案提出建设意见。经济管理学院已初步形成了一支专业素质高、梯队结构合理、高度敬业、勇于创新的专兼职结合的教师队伍。现有学生1 200多人。

经济管理学院自成立以来，坚持"以人为本、立德树人"的办学理念，致力于培养适应社会经济发展需求，具有较强现代意识和创新精神，培养能够在生产、管理、服务第一线从事经营管理的高素质、高技能应用型人才。

四、汽车工程学院

汽车工程学院是湖南省汽车制造业高技能人才培养培训基地，是针对湖南省汽车行业迅速发展，汽车产业从制造、销售到售后服务各环节对技能型人才的旺盛需求，在湖南省内10所高校建设的汽车技能型人才培养培训基地之一。汽车工程学院专业教学条件优越、师资力量雄厚，配有一体化教室、仿真教室、学训区和实训车间。学生就业面广、就业质量高，已与汽车工程学院建立实习与就业合作关系的企业包括长株潭地区所有主要的汽车制造企业和200余家汽车4S店。

汽车工程学院现有专业教师33人，其中专任教师18人，兼职教师15人，教授2人、副教授4人，省级青年骨干教师1人。2010年，汽车工程学院成为湖南省汽车制造业高技能人才培养培训基地；2013年，汽车运用技术专业被确定为院级重点专业。

汽车工程学院拥有汽车发动机拆装、发动机运行、底盘传动系统、底盘制动行驶转向系统、汽车电器、安全舒适系统等6个专业实训室，拥有汽车营销大厅、洽谈区、博世合作项目、汽车检测与维修等专业实训中心，是湖南省汽车制造业高技能人才培养培训基地。

第四节 大学生活面面观

一、学院地址

学院地址：湖南省湘潭市岳塘区下摄司街 2 号。

二校区：湖南省湘潭市岳塘区半边街口。

二、学院餐饮地点

校园内有学生食堂，校外街道两旁有各种小吃餐饮店。

三、购物中心

校园内有校园超市，出校门往左步行 270 米往右步行 500 米有步步高大型超市。

四、银行

校园内设有自动取款机。出校门往左步行 200 米有华融湘江银行、工商银行，往右步行 400 米有农业银行营业厅，往右步行 800 米有建设银行、中国银行、工商银行营业厅。

五、医疗

学院设有校医务室，位于后勤处一楼。学院学生医保定点首诊医院是下摄司街道卫生服务中心，校门往右步行 300 米，附近有湘潭市第一人民医院等大型医院（地址：湘潭市下摄司街 302 号，坐 1 路车、106 路车在下摄司站下车）。

六、市内乘车路线

出校门过马路直走 20 米有公交车站。

（一）到火车站

可乘坐 1 路、19 路、46 路直达火车站，也可乘坐 46 路车在终点站下车后步行 400 米至火车站。

（二）到湘潭汽车总站

可乘坐 1 路和 4 路到康星百货站下车，然后步行 500 米至汽车总站。

第一章 校园认知

（三）到城际铁路板塘站

可乘坐42路公交车到谈爱桥站下车，步行约200米至板塘城际站。

第五节 学院主要机构电话号码及位置

学院主要机构电话号码及位置见表1-2。

表1-2 学院主要机构电话号码及位置

部门	常用电话（区号0731）	位置
招生就业处	52810621	招生就业大楼四楼
	58596575	招生就业大楼四楼
	58595839	招生就业大楼四楼
学生工作部	52810623	第二教学楼一楼
	52810228	第二教学楼一楼
	52810283	第二教学楼一楼
心理健康教育中心	52810283	第二教学楼四楼
团委	52811510	第二教学楼一楼
财务处	52810294	办公楼一楼
党政办公室	58595339	办公楼三楼
	52810293	办公楼三楼
组织人事部	52810253	办公楼二楼
	52810681	办公楼二楼
宣传统战部	52810676	办公楼五楼
纪检监审部	52810212	办公楼三楼
教务处	58595338	第二教学楼三楼
	52810297	第二教学楼三楼
	58596650	第二教学楼三楼
科技处	52810209	办公楼二楼
图文网络信息中心	52810273	图文信息中心大楼二楼
	52810602	图文信息中心大楼二楼

续表

部门	常用电话（区号0731）	位置
继续教育中心	52811506	第二教学楼二楼
网络中心机房	52810269	第一教学楼五楼A座
后勤与资产管理处	52811508	后勤大楼
	52810609	后勤大楼
医务室	52810670	后勤大楼一楼
保卫（征兵）办公室	52810295	招生就业大楼一楼
思政课部	52810207	办公楼一楼
公共课部	52810231	第二教学楼四楼
风能工程学院	52810203	第一教学楼三楼C座
	52810610	第一教学楼三楼C座
	52810227	第一教学楼三楼C座
电梯工程学院	52810298	第一教学楼四楼C座
	52810204	第一教学楼四楼C座
经济管理学院	52810206	第一教学楼三、四楼C座
汽车工程学院	52810608	第一教学楼三楼C座

第六节　学院常用网站地址以及微信平台

（1）学院网站：http：//www.hnjd.net.cn/

（2）CRP数字化校园信息平台（老师版）：http：//crp.hnjd.net.cn/oa/login.aspx

（3）CRP数字化校园信息平台（学生版）：http：//jw.hnjd.net.cn/st/login.aspx

（4）易班网：

第一章　校园认知 15

（5）图书资源中国知网：http：//www.cnki.net/
（6）就业信息网：http：//www.hnjd.net.cn/publish/jyxx/jyxx.aspx?channel=83
（7）学生工作部微信公众平台：

（8）团委微信公众平台：

（9）校学生会微信公众平台：

第二章
心理健康

第一节 什么是成长辅导室

成长辅导室是学院学生工作部与同学们沟通的桥梁。成长辅导室以学生为本，立足于当代大学生的特点以及二级学院实际情况，结合学校及社会资源，帮助学生解决成长过程中涉及的各种问题，包括人格健全、个性培养、职业选择、专业兴趣培养、人际交往能力培养、抗挫折能力培养、学习生活环境适应等问题，旨在帮助同学们走出成长路上的困境，进一步提高育人工作的针对性和实效性。

经济管理学院、电梯工程学院的成长辅导室先后立项并验收投入使用；风能工程学院的成长辅导室已获批立项，等待验收；汽车工程学院的成长辅导室正在筹备中。

第二节 二级学院成长辅导室

一、经济管理学院阳光特色成长辅导室

阳光成长辅导室成立于2012年10月，隶属于经济管理学院，是为经济管理学院全体学生提供咨询辅导服务的机构。辅导内容包括思想道德、心理健康、学业规划、职业规划、生活适应等多方面内容。阳光特色成长辅导室本着"自愿、真诚、平等、尊重、保密"的原则，帮助广大学生解决各种困扰，增强适

应能力,提高自身素质。

(一) 辅导老师

阳光特色成长辅导室配备专兼职教师 10 名,其中辅导员 9 名(含心理辅导老师 2 名),负责心理健康教育咨询中心日常工作的开展,每个班级设立了班级心理委员,建立了心理健康信息月报告制度。

(二) 联系方式

辅导室地址:第一教学楼 C304 室。

预约咨询电话:0731-52810223。

联系邮箱:258302811@qq.com。

(三) 开放时间

周一至周五:上午:8:30—12:00

下午:14:00—17:30

周六、周日:下午:16:00—18:00

二、风能工程学院快乐成长辅导室

快乐成长辅导室成立于 2014 年 12 月,隶属于风能工程学院,主要针对思想提升、专业技能培养、生活适应、职业发展等方面,对学生开展全方位的辅导,以期达到"以技促长"的辅导效果。

(一) 辅导老师

快乐成长辅导室共有专职辅导员 7 名,技能辅导老师 3 名,心理咨询老师 1 名,朋辈辅导员 15 名,行政领导 3 名。快乐成长辅导室从思想、学习、生活、就业、心理等方面帮助学生应对困惑,解决问题,提升学生的综合素养,促进学生全面成长。

(二) 联系方式

辅导室地址:第一教学楼 C303 室。

预约咨询电话:0731-52810610。

公共电子邮箱:dianqikuailecz@126.com。

(三) 开放时间

周一至周五:上午 8:30—12:00

下午 14:00—17:00

晚上 19:20—21:00

周六、周日:下午 15:00—18:00

晚上 19:20—21:00

三、电梯工程学院"青春向上4+X"特色成长辅导室

2014年,电梯工程学院"青春向上4+X"特色成长辅导室成功立项为"湖南省大学生思想道德素质提升工程省级项目"。辅导室立足学生,以"最好的成长是陪伴,最好的教育是示范"为核心理念,根据当代大学生的特点和电梯工程学院实际情况,在学生成长成才方面开展了一系列辅导工作。

(一)辅导老师

该辅导室辅导教师11名(含3名心理辅导员、1名中华技能大师、2名专业教师、5名专职辅导员),形成了由辅导员、专业教师、管理人员组成的多级格局的心理辅导队伍。该辅导室优化配置辅导资源,对广大学生学习生活各方面予以专业辅导,为学生成长保驾护航。

(二)联系方式

个体辅导室地址:第一教学楼C403室。
团体辅导室地址:第一教学楼C402室。
预约微信:

(三)开放时间

周一至周五:上午8:30—12:00
　　　　　　下午14:00—17:00
　　　　　　晚上19:20—21:00
周六、周日:下午15:00—18:00
　　　　　　晚上19:20—21:00

第三节 了解学院心理健康教育中心

学院心理健康教育中心成立于 2008 年 10 月，隶属于学生工作部。2011 年 7 月，学院通过"湖南省普通高校合格心理咨询室建设项目"立项申请。项目立项后，学院成立了以学院党委书记为组长的心理健康教育工作领导小组，从心理咨询室各功能室软硬件建设、心理咨询室日常工作体系建设、心理咨询专兼职教师队伍建设、组织机制体系建设、心理咨询特色项目工程等五个方面进行项目建设，取得了良好的成效，顺利通过省教委工委验收，获得湖南省"普通高校合格心理咨询室"荣誉称号，2018 年立项"湖南省大学生心理素质提升示范校"。

一、心理健康教育中心五大功能室

心理健康教育中心现已建有咨询预约室、个体咨询室、团体辅导室、心理测评室、心理宣泄室五大功能室，各功能室软硬件设施配备齐全。

（一）咨询预约室

该室面积 15 平方米，室内张贴悬挂心理咨询工作守则、心理咨询预约办法、专兼职心理咨询师介绍等内容，使预约学生对心理咨询工作范围、方法及师资等一目了然。另外，预约室还配备了办公桌椅、沙发、茶几、报纸杂志、饮水设备、电脑、电话等，为等候咨询的学生提供便利。

（二）个体咨询室

该室面积 12 平方米，有独立的出入口，整体装修风格温馨、宁静，光线柔和，灯光可调节明暗，为心理咨询工作提供舒适的环境。配备了沙发、茶几、饮水机、面巾纸等，为来访学生提供满意的咨询环境。

（三）团体辅导室

该室面积 50 平方米，有独立的出入口，配备了可移动桌椅 30 套、多媒体设备 1 套，柔软椅垫、抱枕若干。室内悬挂心理知识图片，整体设计温馨、舒适，适合人数较多的团体，为参与学生提供了良好的环境。

（四）心理测评室

该室面积 15 平方米，配备了电脑、专业的心理测评软件和打印机、复印机等设施，可为有测评需求的学生提供全面、保密的测评服务。

（五）心理宣泄室

该室分为两个房间，一间为心理放松室，面积为 30 平方米，配备了沙盘、放松椅等心理治疗工具，为需要放松服务的学生提供安全、可靠的服务；另一间为心理宣泄室，面积为 15 平方米，独立出入口，隔音效果好，配备了宣泄人、宣泄棒等宣泄器材，为需要宣泄情绪的学生提供服务。

二、心理健康教育中心日常工作

（一）日常心理咨询服务

心理咨询室开放时间为周一至周五上午 9:00—11:00，周一至周日下午 14:00—17:00，满足来访学生咨询需要。

（二）实施心理危机干预

若发生心理危机事件，学院心理健康教育中心在第一时间进行紧急干预，使危机得以缓解或消除。2011 年，我院建立了"学院－系（部）－班级－寝室"四级心理危机干预体系，在系（部）配备了心理健康指导教师，班级设班级心理委员，并实行心理健康月汇报制度、心理委员月例会制度，每月由系（部）汇总本系（部）学生心理动态，交学院心理咨询室，再由学院心理咨询室汇总全院学生心理动态，上报至主管部门，若发现严重情况及时主动进行咨询干预。2011 年 5 月，我院与湘潭市第五人民医院（市精神病医院）建立工作联系，并签订了相关工作协议，对我院发现的患有精神类疾病的人员，及时转至该院进行相关治疗，确保了学生的安全。

（三）课堂教学

我院自 2008 年开设心理健康教育课程以来，持续对课程建设进行探索。2011 年 9 月起，心理健康课程正式纳入学院必修课，2 个学分，16 个学时，使用湖南省教育厅推荐教材教学，从心理健康常识、自我意识发展、学习心理、挫折教育、大学生人格、大学生恋爱、人际关系等多个方面进行课堂教育。

（四）新生心理普查

自 2008 年起，每年新生入学后一个月开展新生心理普查工作。普查范围覆盖所有新生，采用专业的测评软件进行心理评测，为每一位普查学生建立心理普查档案。对普查结果进行分析，形成新生心理普查报告并上报主管领导及上级部门。自 2011 年起，我院将心理普查中需要重点观察或进行主动干预的学生名单列出来，反馈至系（部），学院心理咨询室与系（部）协作，对此类学生进行密切观察或主动干预工作，并做好详细的记录，同时按照档案管理规定对相关工作保密。2011—2012 学年共计完成 1 425 人次的心理普查并建立心理档案，系（部）教师访谈心理普查出现异常情况学生 189 人次，心理咨询室根据系（部）访谈情况反馈，深层次访谈 54 人次。2011 年 9 月至今，院系两级心理健康教师共发现异常情况 43 例，主动咨询访谈 49 人次；发现精神类疾病 1 例，转至专业精神病治疗机构 1 例，消除了潜在危险，确保了学生安全。

（五）开展心理健康月活动

每年 5 月开展心理健康月活动，自 2009 年起已经连续开展 7 届。心理健康月活动包括心理趣味运动会、心理健康主题讲座、心理知识图片展、优秀心理电影展播、人际关系主题班会、心理健康主题调查活动、心理健康主题辩论赛等丰富多彩的活动项目，使广大学生对人与人之间的相处有更深入的认识，以更加宽容、乐观的态度对待自己、对待他人，共同营造和谐美好的校园氛围。

（六）培训班级心理委员和朋辈辅导员

自 2015 年开始，学院聘用了一批班级心理委员和朋辈辅导员，对他们进行培训。培训内容包括心理健康基本知识、心理异常的识别与转介、谈话技巧等。

（七）指导心理协会活动

指导学生社团开展丰富多彩的活动。院学生会心理信息部是我院最大的心理类学生社团组织，是心理健康教育活动开展的主要执行部门，为了更好地为广大学生服务，2017 年将学生会心理信息部更改为"心灵氧吧"学生工作室，开辟专门的办公场所，更大程度地宣传心理健康常识，为需要帮助的学生提供及时的心理健康服务。

第四节　心理咨询须知和预约流程

一、心理咨询须知

（一）心理健康教育中心（以下简称中心）的服务对象为在校学生

来访学生在接受咨询之前，请向中心工作人员出示有效证件。为了方便后续的跟踪咨询服务，中心需要把来访者的真实姓名、所在院系、专业、联系方式、家庭及求学背景登记在案（特殊情况下可以不登记），这些个人资料只用于心理咨询中心的管理，不会透露给任何其他单位和个人。

（二）坦诚地向咨询老师表露自己，不必掩饰或伪装

来访者应把自己内心真正的困惑或咨询过程中产生的问题、感受，与咨询

老师沟通,以便更快、更好地达到咨询目的。

(三)自愿、自由

是否开始或终止接受心理咨询都由来访者本人决定,咨询老师只能提出建议,无权强硬要求。相应地,终止咨询带来的不良影响也由来访者本人承担。另外,来访者可以自由选择咨询老师,以使个人问题得到有效的帮助。咨询过程中,来访者若对咨询方向或方法有异议,可与咨询老师进行必要的沟通、讨论并修正。

(四)尊重咨询老师

来访者必须提前预约咨询时间,并按约定时间准时到达中心。来访者应认真配合咨询老师的工作,按时完成"作业",把个人的感悟与改变有效地反馈给咨询老师。

(五)自主

心理咨询的理念是"助人自助",所以咨询的主角不是咨询老师,而是来访者自己。不要期待咨询老师为你做主,给你出主意、想办法,甚至替你做决定。不能过分依赖心理咨询,也不要以为咨询总能一次性解决问题。事实上,心理咨询不是"一贴灵",世上没有灵丹妙药,所以请记住,只有你自己才能真正解决你的问题。

二、心理咨询约谈预约流程

(1)来访者须持本人有效证件(学生证、身份证、阅览证等)进行预约登记,然后按顺序咨询。

(2)来访者可通过电话或者直接到咨询中心办公室预约时间。中心预约电话为52810247。

(3)来访者应积极配合咨询老师的工作,若在约定的时间不能按时来访,请提前通知中心工作人员。

(4)为保证咨询质量,每次咨询时间原则上不超过50分钟。

第二篇 成长·电气

处方·串户

第二论

第三章

规 章 制 度

第一节　国家法规文献

普通高等学校学生管理规定（教育部修改版）

普通高等学校学生管理规定

第一章　总　　则

第一条　为规范普通高等学校学生管理行为，维护普通高等学校正常的教育教学秩序和生活秩序，保障学生合法权益，培养德、智、体、美等方面全面发展的社会主义建设者和接班人，依据教育法、高等教育法以及有关法律、法规，制定本规定。

第二条　本规定适用于普通高等学校、承担研究生教育任务的科学研究机构（以下称学校）对接受普通高等学历教育的研究生和本科、专科（高职）学生（以下称学生）的管理。

第三条　学校要坚持社会主义办学方向，坚持马克思主义的指导地位，全面贯彻国家教育方针；要坚持以立德树人为根本，以理想信念教育为核心，培育和践行社会主义核心价值观，弘扬中华优秀传统文化和革命文化、社会主义先进文化，培养学生的社会责任感、创新精神和实践能力；要坚持依法治校，科学管理，健全和完善管理制度，规范管理行为，将管理与育人相结合，不断提高管理和服务水平。

第四条 学生应当拥护中国共产党领导，努力学习马克思列宁主义、毛泽东思想、中国特色社会主义理论体系，深入学习习近平总书记系列重要讲话精神和治国理政新理念新思想新战略，坚定中国特色社会主义道路自信、理论自信、制度自信、文化自信，树立中国特色社会主义共同理想；应当树立爱国主义思想，具有团结统一、爱好和平、勤劳勇敢、自强不息的精神；应当增强法治观念，遵守宪法、法律、法规，遵守公民道德规范，遵守学校管理制度，具有良好的道德品质和行为习惯；应当刻苦学习，勇于探索，积极实践，努力掌握现代科学文化知识和专业技能；应当积极锻炼身体，增进身心健康，提高个人修养，培养审美情趣。

第五条 实施学生管理，应当尊重和保护学生的合法权利，教育和引导学生承担应尽的义务与责任，鼓励和支持学生实行自我管理、自我服务、自我教育、自我监督。

第二章　学生的权利与义务

第六条 学生在校期间依法享有下列权利：

（一）参加学校教育教学计划安排的各项活动，使用学校提供的教育教学资源；

（二）参加社会实践、志愿服务、勤工助学、文娱体育及科技文化创新等活动，获得就业创业指导和服务；

（三）申请奖学金、助学金及助学贷款；

（四）在思想品德、学业成绩等方面获得科学、公正评价，完成学校规定学业后获得相应的学历证书、学位证书；

（五）在校内组织、参加学生团体，以适当方式参与学校管理，对学校与学生权益相关事务享有知情权、参与权、表达权和监督权；

（六）对学校给予的处理或者处分有异议，向学校、教育行政部门提出申诉，对学校、教职员工侵犯其人身权、财产权等合法权益的行为，提出申诉或者依法提起诉讼；

（七）法律、法规及学校章程规定的其他权利。

第七条 学生在校期间依法履行下列义务：

（一）遵守宪法和法律、法规；

（二）遵守学校章程和规章制度；

（三）恪守学术道德，完成规定学业；

（四）按规定缴纳学费及有关费用，履行获得贷学金及助学金的相应义务；

（五）遵守学生行为规范，尊敬师长，养成良好的思想品德和行为习惯；

（六）法律、法规及学校章程规定的其他义务。

第三章 学籍管理

第一节 入学与注册

第八条 按国家招生规定录取的新生，持录取通知书，按学校有关要求和规定的期限到校办理入学手续。因故不能按期入学的，应当向学校请假。未请假或者请假逾期的，除因不可抗力等正当事由以外，视为放弃入学资格。

第九条 学校应当在报到时对新生入学资格进行初步审查，审查合格的办理入学手续，予以注册学籍；审查发现新生的录取通知、考生信息等证明材料，与本人实际情况不符，或者有其他违反国家招生考试规定情形的，取消入学资格。

第十条 新生可以申请保留入学资格。保留入学资格期间不具有学籍。保留入学资格的条件、期限等由学校规定。

新生保留入学资格期满前应向学校申请入学，经学校审查合格后，办理入学手续。审查不合格的，取消入学资格；逾期不办理入学手续且未有因不可抗力延迟等正当理由的，视为放弃入学资格。

第十一条 学生入学后，学校应当在3个月内按照国家招生规定进行复查。复查内容主要包括以下方面：

（一）录取手续及程序等是否合乎国家招生规定；

（二）所获得的录取资格是否真实、合乎相关规定；

（三）本人及身份证明与录取通知、考生档案等是否一致；

（四）身心健康状况是否符合报考专业或者专业类别体检要求，能否保证在校正常学习、生活；

（五）艺术、体育等特殊类型录取学生的专业水平是否符合录取要求。

复查中发现学生存在弄虚作假、徇私舞弊等情形的，确定为复查不合格，应当取消学籍；情节严重的，学校应当移交有关部门调查处理。

复查中发现学生身心状况不适宜在校学习，经学校指定的二级甲等以上医院诊断，需要在家休养的，可以按照第十条的规定保留入学资格。

复查的程序和办法，由学校规定。

第十二条 每学期开学时，学生应当按学校规定办理注册手续。不能如期注册的，应当履行暂缓注册手续。未按学校规定缴纳学费或者有其他不符合注册条件的，不予注册。

家庭经济困难的学生可以申请助学贷款或者其他形式资助，办理有关手续后注册。

学校应当按照国家有关规定为家庭经济困难学生提供教育救助，完善学生资助体系，保证学生不因家庭经济困难而放弃学业。

第二节 考核与成绩记载

第十三条 学生应当参加学校教育教学计划规定的课程和各种教育教学环节（以下统称课程）的考核，考核成绩记入成绩册，并归入学籍档案。

考核分为考试和考查两种。考核和成绩评定方式，以及考核不合格的课程是否重修或者补考，由学校规定。

第十四条 学生思想品德的考核、鉴定，以本规定第四条为主要依据，采取个人小结、师生民主评议等形式进行。

学生体育成绩评定要突出过程管理，可以根据考勤、课内教学、课外锻炼活动和体质健康等情况综合评定。

第十五条 学生每学期或者每学年所修课程或者应修学分数以及升级、跳级、留级、降级等要求，由学校规定。

第十六条 学生根据学校有关规定，可以申请辅修校内其他专业或者选修其他专业课程；可以申请跨校辅修专业或者修读课程，参加学校认可的开放式网络课程学习。学生修读的课程成绩（学分），学校审核同意后，予以承认。

第十七条 学生参加创新创业、社会实践等活动以及发表论文、获得专利授权等与专业学习、学业要求相关的经历、成果，可以折算为学分，计入学业成绩。具体办法由学校规定。

学校应当鼓励、支持和指导学生参加社会实践、创新创业活动，可以建立创新创业档案、设置创新创业学分。

第十八条 学校应当健全学生学业成绩和学籍档案管理制度，真实、完整地记载、出具学生学业成绩，对通过补考、重修获得的成绩，应当予以标注。

学生严重违反考核纪律或者作弊的，该课程考核成绩记为无效，并应视其违纪或者作弊情节，给予相应的纪律处分。给予警告、严重警告、记过及留校察看处分的，经教育表现较好，可以对该课程给予补考或者重修机会。

学生因退学等情况中止学业，其在校学习期间所修课程及已获得学分，应当予以记录。学生重新参加入学考试、符合录取条件，再次入学的，其已获得学分，经录取学校认定，可以予以承认。具体办法由学校规定。

第十九条 学生应当按时参加教育教学计划规定的活动。不能按时参加的，应当事先请假并获得批准。无故缺席的，根据学校有关规定给予批评教育，情节严重的，给予相应的纪律处分。

第二十条 学校应当开展学生诚信教育，以适当方式记录学生学业、学术、品行等方面的诚信信息，建立对失信行为的约束和惩戒机制；对有严重失信行为的，可以规定给予相应的纪律处分，对违背学术诚信的，可以对其获得学位及学术称号、荣誉等作出限制。

第三节　转专业与转学

第二十一条 学生在学习期间对其他专业有兴趣和专长的，可以申请转专业；以特殊招生形式录取的学生，国家有相关规定或者录取前与学校有明确约定的，不得转专业。

学校应当制定学生转专业的具体办法，建立公平、公正的标准和程序，健全公示制度。学校根据社会对人才需求情况的发展变化，需要适当调整专业的，应当允许在读学生转到其他相关专业就读。

休学创业或退役后复学的学生，因自身情况需要转专业的，学校应当优先考虑。

第二十二条 学生一般应当在被录取学校完成学业。因患病或者有特殊困难、特别需要，无法继续在本校学习或者不适应本校学习要求的，可以申请转学。有下列情形之一的，不得转学：

（一）入学未满一学期或者毕业前一年的；

（二）高考成绩低于拟转入学校相关专业同一生源地相应年份录取成绩的；

（三）由低学历层次转为高学历层次的；

（四）以定向就业招生录取的；

（五）研究生拟转入学校、专业的录取控制标准高于其所在学校、专业的；

（六）无正当转学理由的。

学生因学校培养条件改变等非本人原因需要转学的，学校应当出具证明，由所在地省级教育行政部门协调转学到同层次学校。

第二十三条 学生转学由学生本人提出申请，说明理由，经所在学校和拟转入学校同意，由转入学校负责审核转学条件及相关证明，认为符合本校培养要求且学校有培养能力的，经学校校长办公会或者专题会议研究决定，可以转入。研究生转学还应当经拟转入专业导师同意。

跨省转学的，由转出地省级教育行政部门商转入地省级教育行政部门，按转学条件确认后办理转学手续。须转户口的由转入地省级教育行政部门将有关文件抄送转入学校所在地的公安机关。

第二十四条 学校应当按照国家有关规定，建立健全学生转学的具体办法；对转学情况应当及时进行公示，并在转学完成后3个月内，由转入学校报所在地省级教育行政部门备案。

省级教育行政部门应当加强对区域内学校转学行为的监督和管理，及时纠正违规转学行为。

第四节　休学与复学

第二十五条 学生可以分阶段完成学业，除另有规定外，应当在学校规定的最长学习年限（含休学和保留学籍）内完成学业。

学生申请休学或者学校认为应当休学的，经学校批准，可以休学。休学次数和期限由学校规定。

第二十六条 学校可以根据情况建立并实行灵活的学习制度。对休学创业的学生，可以单独规定最长学习年限，并简化休学批准程序。

第二十七条 新生和在校学生应征参加中国人民解放军（含中国人民武装警察部队），学校应当保留其入学资格或者学籍至退役后2年。

学生参加学校组织的跨校联合培养项目，在联合培养学校学习期间，学校同时为其保留学籍。

学生保留学籍期间，与其实际所在的部队、学校等组织建立管理关系。

第二十八条 休学学生应当办理手续离校。学生休学期间，学校应为其保留学籍，但不享受在校学习学生待遇。因病休学学生的医疗费按国家及当地的有关规定处理。

第二十九条 学生休学期满前应当在学校规定的期限内提出复学申请，经学校复查合格，方可复学。

第五节　退　　学

第三十条 学生有下列情形之一，学校可予退学处理：

（一）学业成绩未达到学校要求或者在学校规定的学习年限内未完成学业的；

（二）休学、保留学籍期满，在学校规定期限内未提出复学申请或者申请复学经复查不合格的；

（三）根据学校指定医院诊断，患有疾病或者意外伤残不能继续在校学习的；

（四）未经批准连续两周未参加学校规定的教学活动的；

（五）超过学校规定期限未注册而又未履行暂缓注册手续的；

（六）学校规定的不能完成学业、应予退学的其他情形。

学生本人申请退学的，经学校审核同意后，办理退学手续。

第三十一条 退学学生，应当按学校规定期限办理退学手续离校。退学的研究生，按已有毕业学历和就业政策可以就业的，由学校报所在地省级毕业生就业部门办理相关手续；在学校规定期限内没有聘用单位的，应当办理退学手续离校。

退学学生的档案由学校退回其家庭所在地，户口应当按照国家相关规定迁回原户籍地或者家庭户籍所在地。

第六节 毕业与结业

第三十二条 学生在学校规定学习年限内，修完教育教学计划规定内容，成绩合格，达到学校毕业要求的，学校应当准予毕业，并在学生离校前发给毕业证书。

符合学位授予条件的，学位授予单位应当颁发学位证书。

学生提前完成教育教学计划规定内容，获得毕业所要求的学分，可以申请提前毕业。学生提前毕业的条件，由学校规定。

第三十三条 学生在学校规定学习年限内，修完教育教学计划规定内容，但未达到学校毕业要求的，学校可以准予结业，发给结业证书。

结业后是否可以补考、重修或者补作毕业设计、论文、答辩，以及是否颁发毕业证书、学位证书，由学校规定。合格后颁发的毕业证书、学位证书，毕业时间、获得学位时间按发证日期填写。

对退学学生，学校应当发给肄业证书或者写实性学习证明。

第七节 学业证书管理

第三十四条 学校应当严格按照招生时确定的办学类型和学习形式，以及学生招生录取时填报的个人信息，填写、颁发学历证书、学位证书及其他学业证书。

学生在校期间变更姓名、出生日期等证书需填写的个人信息的，应当有合理、充分的理由，并提供有法定效力的相应证明文件。学校进行审查，需要学生生源地省级教育行政部门及有关部门协助核查的，有关部门应当予以配合。

第三十五条　学校应当执行高等教育学籍学历电子注册管理制度，完善学籍学历信息管理办法，按相关规定及时完成学生学籍学历电子注册。

第三十六条　对完成本专业学业同时辅修其他专业并达到该专业辅修要求的学生，由学校发给辅修专业证书。

第三十七条　对违反国家招生规定取得入学资格或者学籍的，学校应当取消其学籍，不得发给学历证书、学位证书；已发的学历证书、学位证书，学校应当依法予以撤销。对以作弊、剽窃、抄袭等学术不端行为或者其他不正当手段获得学历证书、学位证书的，学校应当依法予以撤销。

被撤销的学历证书、学位证书已注册的，学校应当予以注销并报教育行政部门宣布无效。

第三十八条　学历证书和学位证书遗失或者损坏，经本人申请，学校核实后应当出具相应的证明书。证明书与原证书具有同等效力。

第四章　校园秩序与课外活动

第三十九条　学校、学生应当共同维护校园正常秩序，保障学校环境安全、稳定，保障学生的正常学习和生活。

第四十条　学校应当建立和完善学生参与管理的组织形式，支持和保障学生依法、依章程参与学校管理。

第四十一条　学生应当自觉遵守公民道德规范，自觉遵守学校管理制度，创造和维护文明、整洁、优美、安全的学习和生活环境，树立安全风险防范和自我保护意识，保障自身合法权益。

第四十二条　学生不得有酗酒、打架斗殴、赌博、吸毒，传播、复制、贩卖非法书刊和音像制品等违法行为；不得参与非法传销和进行邪教、封建迷信活动；不得从事或者参与有损大学生形象、有悖社会公序良俗的活动。

学校发现学生在校内有违法行为或者严重精神疾病可能对他人造成伤害的，可以依法采取或者协助有关部门采取必要措施。

第四十三条　学校应当坚持教育与宗教相分离原则。任何组织和个人不得在学校进行宗教活动。

第四十四条　学校应当建立健全学生代表大会制度，为学生会、研究生会等开展活动提供必要条件，支持其在学生管理中发挥作用。

学生可以在校内成立、参加学生团体。学生成立团体，应当按学校有关规定提出书面申请，报学校批准并施行登记和年检制度。

学生团体应当在宪法、法律、法规和学校管理制度范围内活动，接受学校的领导和管理。学生团体邀请校外组织、人员到校举办讲座等活动，需经学校批准。

第四十五条　学校提倡并支持学生及学生团体开展有益于身心健康、成长成才的学术、科技、艺术、文娱、体育等活动。

学生进行课外活动不得影响学校正常的教育教学秩序和生活秩序。

学生参加勤工助学活动应当遵守法律、法规以及学校、用工单位的管理制度，履行勤工助学活动的有关协议。

第四十六条　学生举行大型集会、游行、示威等活动，应当按法律程序和有关规定获得批准。对未获批准的，学校应当依法劝阻或者制止。

第四十七条　学生应当遵守国家和学校关于网络使用的有关规定，不得登录非法网站和传播非法文字、音频、视频资料等，不得编造或者传播虚假、有害信息；不得攻击、侵入他人计算机和移动通信网络系统。

第四十八条　学校应当建立健全学生住宿管理制度。学生应当遵守学校关于学生住宿管理的规定。鼓励和支持学生通过制定公约，实施自我管理。

第五章　奖励与处分

第四十九条　学校、省（区、市）和国家有关部门应当对在德、智、体、美等方面全面发展或者在思想品德、学业成绩、科技创造、体育竞赛、文艺活动、志愿服务及社会实践等方面表现突出的学生，给予表彰和奖励。

第五十条　对学生的表彰和奖励可以采取授予"三好学生"称号或者其他荣誉称号、颁发奖学金等多种形式，给予相应的精神鼓励或者物质奖励。

学校对学生予以表彰和奖励，以及确定推荐免试研究生、国家奖学金、公派出国留学人选等赋予学生利益的行为，应当建立公开、公平、公正的程序和规定，建立和完善相应的选拔、公示等制度。

第五十一条　对有违反法律法规、本规定以及学校纪律行为的学生，学校应当给予批评教育，并可视情节轻重，给予如下纪律处分：

（一）警告；

（二）严重警告；

（三）记过；

（四）留校察看；

（五）开除学籍。

第五十二条　学生有下列情形之一，学校可以给予其开除学籍处分：

（一）违反宪法，反对四项基本原则、破坏安定团结、扰乱社会秩序的；

（二）触犯国家法律，构成刑事犯罪的；

（三）受到治安管理处罚，情节严重、性质恶劣的；

（四）代替他人或者让他人代替自己参加考试、组织作弊、使用通信设备或其他器材作弊、向他人出售考试试题或答案牟取利益，以及其他严重作弊或扰乱考试秩序行为的；

（五）学位论文、公开发表的研究成果存在抄袭、篡改、伪造等学术不端行为，情节严重的，或者代写论文、买卖论文的；

（六）违反本规定和学校规定，严重影响学校教育教学秩序、生活秩序以及公共场所管理秩序的；

（七）侵害其他个人、组织合法权益，造成严重后果的；

（八）屡次违反学校规定受到纪律处分，经教育不改的。

第五十三条 学校对学生作出处分，应当出具处分决定书。处分决定书应当包括下列内容：

（一）学生的基本信息；

（二）作出处分的事实和证据；

（三）处分的种类、依据、期限；

（四）申诉的途径和期限；

（五）其他必要内容。

第五十四条 学校给予学生处分，应当坚持教育与惩戒相结合，与学生违法、违纪行为的性质和过错的严重程度相适应。学校对学生的处分，应当做到证据充分、依据明确、定性准确、程序正当、处分适当。

第五十五条 在对学生作出处分或者其他不利决定之前，学校应当告知学生作出决定的事实、理由及依据，并告知学生享有陈述和申辩的权利，听取学生的陈述和申辩。

处理、处分决定以及处分告知书等，应当直接送达学生本人，学生拒绝签收的，可以以留置方式送达；已离校的，可以采取邮寄方式送达；难于联系的，可以利用学校网站、新闻媒体等以公告方式送达。

第五十六条 对学生作出取消入学资格、取消学籍、退学、开除学籍或者其他涉及学生重大利益的处理或者处分决定的，应当提交校长办公会或者校长授权的专门会议研究决定，并应当事先进行合法性审查。

第五十七条 除开除学籍处分以外，给予学生处分一般应当设置6到12个月期限，到期按学校规定程序予以解除。解除处分后，学生获得表彰、奖励及其他权益，不再受原处分的影响。

第五十八条 对学生的奖励、处理、处分及解除处分材料，学校应当真实完整地归入学校文书档案和本人档案。

被开除学籍的学生，由学校发给学习证明。学生按学校规定期限离校，档案由学校退回其家庭所在地，户口应当按照国家相关规定迁回原户籍地或者家庭户籍所在地。

第六章　学生申诉

第五十九条 学校应当成立学生申诉处理委员会，负责受理学生对处理或者处分决定不服提起的申诉。

学生申诉处理委员会应当由学校相关负责人、职能部门负责人、教师代表、学生代表、负责法律事务的相关机构负责人等组成，可以聘请校外法律、教育等方面专家参加。

学校应当制定学生申诉的具体办法，健全学生申诉处理委员会的组成与工作规则，提供必要条件，保证其能够客观、公正地履行职责。

第六十条 学生对学校的处理或者处分决定有异议的，可以在接到学校处理或者处分决定书之日起 10 日内，向学校学生申诉处理委员会提出书面申诉。

第六十一条 学生申诉处理委员会对学生提出的申诉进行复查，并在接到书面申诉之日起 15 日内作出复查结论并告知申诉人。情况复杂不能在规定限期内作出结论的，经学校负责人批准，可延长 15 日。学生申诉处理委员会认为必要的，可以建议学校暂缓执行有关决定。

学生申诉处理委员会经复查，认为作出处理或者处分的事实、依据、程序等存在不当，可以作出建议撤销或变更的复查意见，要求相关职能部门予以研究，重新提交校长办公会或者专门会议作出决定。

第六十二条 学生对复查决定有异议的，在接到学校复查决定书之日起 15 日内，可以向学校所在地省级教育行政部门提出书面申诉。

省级教育行政部门应当在接到学生书面申诉之日起 30 个工作日内，对申诉人的问题给予处理并作出决定。

第六十三条 省级教育行政部门在处理因对学校处理或者处分决定不服提起的学生申诉时，应当听取学生和学校的意见，并可根据需要进行必要的调查。根据审查结论，区别不同情况，分别作出下列处理：

（一）事实清楚、依据明确、定性准确、程序正当、处分适当的，予以维持；

（二）认定事实不存在，或者学校超越职权、违反上位法规定作出决定的，责令学校予以撤销；

（三）认定事实清楚，但认定情节有误、定性不准确，或者适用依据有错误的，责令学校变更或者重新作出决定；

（四）认定事实不清、证据不足，或者违反本规定以及学校规定的程序和权限的，责令学校重新作出决定。

第六十四条 自处理、处分或者复查决定书送达之日起，学生在申诉期内未提出申诉的视为放弃申诉，学校或者省级教育行政部门不再受理其提出的申诉。

处理、处分或者复查决定书未告知学生申诉期限的，申诉期限自学生知道或者应当知道处理或者处分决定之日起计算，但最长不得超过6个月。

第六十五条 学生认为学校及其工作人员违反本规定，侵害其合法权益的；或者学校制定的规章制度与法律法规和本规定抵触的，可以向学校所在地省级教育行政部门投诉。

教育主管部门在实施监督或者处理申诉、投诉过程中，发现学校及其工作人员有违反法律、法规及本规定的行为或者未按照本规定履行相应义务的，或者学校自行制定的相关管理制度、规定，侵害学生合法权益的，应当责令其改正；发现存在违法违纪的，应当及时进行调查处理或者移送有关部门，依据有关法律和相关规定，追究有关责任人的责任。

第七章 附　　则

第六十六条 学校对接受高等学历继续教育的学生、港澳台侨学生、留学生的管理，参照本规定执行。

第六十七条 学校应当根据本规定制定或修改学校的学生管理规定或者纪律处分规定，报主管教育行政部门备案（中央部委属校同时抄报所在地省级教育行政部门），并及时向学生公布。

省级教育行政部门根据本规定，指导、检查和监督本地区高等学校的学生管理工作。

第六十八条 本规定自2017年9月1日起施行。原《普通高等学校学生管理规定》（教育部令第21号）同时废止。其他有关文件规定与本规定不一致的，以本规定为准。

第二节　学院章程

一、湖南电气职业技术学院章程

<h3 style="text-align:center">序　言</h3>

　　湖南电气职业技术学院（以下简称为"学院"）溯源于1941年创办的国民政府资源委员会中央电工器材总厂艺徒训练班，先后经历了湘潭电机厂工人技术学校、一机部湘潭机器技工学校、湖南机电职工大学、湘潭机电技术学院等办学时期，2006年，经湖南省人民政府批准建立湖南电气职业技术学院。

　　学院在74年的办学历程中，励精图治，艰苦奋斗，为新能源和装备制造业培养了一大批专门人才，有力地支撑了湘潭及湖南地区经济社会发展。2010年，学院成为"全国机械行业骨干高职院校""全国机械行业校企合作与人才培养优秀职业院校""全国机械行业合作培养高素质技能人才创新建设院校"，2012年成为"湖南省示范性（骨干）高职院校"，2013年被评为"全国职业院校魅力校园""湖南省文明高校"，2015年学院团委被评为"全国五四红旗团委"。

　　学院坚持"以人为本，立德树人"的办学宗旨，遵循"忠信敏确　匠心守拙"的校训，弘扬"厚德、善教、勤学、精艺"的校风，按照"依托湘电，校企一体，特色发展，品牌引领"的办学思路，立足于新能源和先进装备制造业，形成了风电技术专业群、电梯工程技术专业群为重点的特色专业体系和"校企一体，全程育人"校企深度融合的办学特色，着力打造全国高职教育校企合作典范，力争把学院建成省内卓越、国内一流，有国际影响力的特色高职院校。

<h3 style="text-align:center">第一章　总　　则</h3>

　　第一条　为依法自主办学，规范办学行为，依据《中华人民共和国教育法》《中华人民共和国高等教育法》和《中华人民共和国职业教育法》等法律法规，结合学院实际，制定本章程。

　　第二条　学院名称是湖南电气职业技术学院。

　　学院的英文名称是 Hunan Electrical College of Technology。

　　学院的英文缩略名为：HNECT。

学院官方网址：www.hnjd.net.cn。

第三条 学院住所为湖南省湘潭市岳塘区下摄司街2号。

第四条 学院为非营利性事业单位，具有独立法人资格，独立承担法律责任。院长是学院的法定代表人。

第五条 学院坚持社会主义办学方向，全面贯彻党和国家的教育方针，遵循高等教育发展规律，把握职业教育特征，培养面向生产、管理、服务第一线需要的高素质技术技能型专门人才。

第六条 学院实行中国共产党湖南电气职业技术学院委员会（以下简称"学院党委"）领导下的院长负责制，坚持教授治学，民主管理。

第七条 学院实行院、系（部）两级管理体制，逐步扩大系（部）管理的领域和范围。

第八条 学院坚持依法治校、民主办学，开展法制教育，推进法治文化建设，维护教育公平正义。

第九条 学院实行党务公开和院务公开制度。学院主动接受社会监督和评价，及时向社会发布办学信息。

第二章　举办者与学院

第十条 学院是全日制公办高等职业院校，由湘电集团有限公司举办，业务主管部门为湖南省教育厅。

第十一条 举办者依法审核学院章程。按照干部管理权限任免学院负责人。指导学院的改革发展，规范学院办学行为。监督评估学院执行法律法规及经费、资产的管理，为学院提供办学经费和办学资源。尊重、保障学院办学自主权。保护学院事务不受校外机构、组织和个人的非法干预。

第十二条 学院的权利：

（一）面向社会依照法律自主办学，依照学院章程自主管理。

（二）依据国家、地方经济社会发展规划和教育发展规划，制订学院发展规划并组织实施。

（三）根据社会需求、办学条件，自主设置和调整专业。

（四）根据国家核定的办学规模，制定招生方案，自主调节各专业招生比例。

（五）自主制定人才培养计划，组织实施教育教学活动。

（六）发挥自身资源优势，自主开展科学研究、技术开发、产学研合作、社会服务和国际交流与合作。

（七）在举办者的指导下，自主确定教学、科研、管理等内部组织机构的设置和人员聘用。

（八）在举办者的指导下，自主评聘教师和其他专业技术人员的职务，完善绩效考核内部分配机制。

（九）对举办者提供的财产、国家财政性资助、社会捐赠财产依法自主管理和使用。

（十）法律法规规定的其他权利。

第十三条 学院的义务：

（一）遵守国家法律法规，贯彻党和国家教育方针，为经济社会发展提供科技服务和人才支持。

（二）执行国家教育教学标准，保证教育教学质量。

（三）接受教育行政部门及其委托的其他机构对学院办学水平、教育质量的评估监督。

（四）维护受教育者、教职工的合法权益。

（五）执行上级部门的人事分配政策，保障教职工收入合理有序增长。

（六）遵守国家收费规定，建立健全财务管理制度，合理使用、严格管理学院经费，公开收费项目和标准。

（七）完善学院内部监督机制，实行院务公开，实施民主管理。

（八）做好毕业生就业服务。

（九）积极改善师生员工在校学习、工作和生活条件，为其提供良好服务。

（十）完善安全工作防控体系，加强综合治理，维护校园安全稳定。

（十一）法律法规规定的其他义务。

第三章 职能与任务

（一）人才培养

第十四条 人才培养是学院的根本任务。学院的各项工作必须服从、服务于育人工作，贯彻"以人为本，立德树人"的办学宗旨，建立"全员育人、全程育人、全方位育人，全面提升素质"的工作机制，推进"教书育人、管理育人、服务育人、环境育人"工作的有效开展。

第十五条 学院坚持职业教育特色，推进人才培养模式创新，坚持"产教融合、校企一体"的办学模式，建立行业、企业及社会力量参与办学的长效机制，探索与企业"全方位育人、全过程育人"的合作办学形式。

第十六条 学院遵循国家招生政策，根据社会需求和办学条件，编制和调整招生计划。按照培养类型和专业要求，确定和调整选拔学生的标准和条件。

学院按照公平、公正、公开和择优选拔的原则开展招生活动，依法自主选拔人才，接受教育行政机关和社会的监督。

第十七条 教育教学是学院办学活动的基本内容。学院建立管理制度，保证教育教学质量达到国家规定的标准。学院实行教学工作监控评估制度，对教学管理、教学质量、学生学习状态进行监控和评估。强化质量意识，加强质量管理和指导，完善教学质量保障体系。

第十八条 学院开展教研室、应用技术中心及院内外实训基地建设，支持各系（部）与行业、企业共同开展专业建设工作，将教学与科研、理论与实践相结合，培养学生的实践能力和创新能力。

第十九条 学院鼓励教育教学改革与实践，开展协同合作，创新人才培养模式，完善教学形式，优化课程体系，更新教学内容，改进教学方法和评价方式。

第二十条 学院坚持开放办学，开展全方位、多层次、宽领域的交流与合作，利用社会优质资源开展合作办学，加强国际交流与合作，引进和培养高水平专业人才，不断提升学院的影响力和竞争力。

第二十一条 学院同时开展学历教育和非学历教育。学历教育，目前实施全日制大专层次高等职业技术教育。非学历教育，主要开展继续教育和职业培训。学院努力形成职业资格认证与学历教育融通的多形式、多规格、多层次的办学形式。

（二）科学研究

第二十二条 科学研究是学院办学活动的重要内容，是创新人才培养的重要途径。学院着力于应用技术研究、技术开发、成果转化，促进专业建设、人才培养和科技进步。

第二十三条 学院营造自由宽松的学术环境和科研氛围，提倡学术自由，倡导严谨求实的学术风气，反对和杜绝学术不端行为。

第二十四条 学院开展应用型为主的科研基地和创新团队建设，注重应用型科研人才的培养，建立和完善科技创新体系，鼓励技术改造与开发，促进创新型人才的培养和自主创新能力的提高。

第二十五条 学院加强和改进科学研究评价工作，建立科学的评价体系，激发广大教职工从事科研、技术开发的积极性。

（三）社会服务

第二十六条 学院充分发挥智囊团和思想库作用，通过多种途径与方式，为经济建设、政治建设、文化建设、社会建设和生态文明建设服务。

第二十七条 学院鼓励协同创新，开展合作共建，坚持产学研协调发展，大力推进科技成果转化与推广，为区域经济发展提供科技和人才支撑。

第二十八条 学院坚持面向生产实践的需要，为行业升级、企业技术改造及新产品研发等提供智力支持。

第二十九条 学院发挥专业特色和人才培养优势，通过建立企业培训中心、企业学院、职教集团等平台为地方和企事业单位提供职业教育与继续教育服务，提升本地区人员素质，服务地方和企事业单位的发展。

（四）文化传承创新

第三十条 学院坚持中国特色社会主义文化发展道路，以满足人民精神文化需求为宗旨，继承和弘扬中华民族优秀传统文化，借鉴吸收人类优秀文明成果，推动文化传承创新，繁荣发展社会主义文化。

第三十一条 学院建设体现社会主义核心价值观和高等职业教育特色的校园文化，以社会主义先进思想和文化引领人才培养、科学技术研究、社会服务及文化传承创新。

第三十二条 学院充分发挥文化育人功能，以社会主义核心价值体系为引领，实现文化建设与人才培养有机结合，打造特色校园文化，培养德技双馨、身心双健的高端技术技能人才，促进师生的全面发展。

第四章 治理结构

（一）学院党委

第三十三条 学院党委是学院的领导核心，统一领导学院工作，履行党章等规定的各项职责，把握学院发展方向，决定学院重大问题，监督重大决议执行，支持院长依法独立负责地行使职权，保证学院以人才培养为中心的各项任务完成。学院党委的主要职责是：

（1）全面贯彻执行党的路线方针政策，贯彻执行党的教育方针，坚持社会主义办学方向，坚持立德树人，依法治校，依靠全院师生员工推动学院科学发展，培养德智体美全面发展的中国特色社会主义事业合格建设者和可靠接班人。

（2）讨论决定事关学院改革发展稳定及教学、科研、行政管理中的重大事项和基本管理制度。

（3）坚持党管干部原则，按照干部管理权限负责干部的选拔、教育、培养、考核和监督，讨论决定学院内部组织机构的设置及其负责人的人选，依照有关程序推荐院级领导干部和后备干部人选，做好老干部工作。

（4）坚持党管人才原则，讨论决定学院人才工作规划和重大人才政策，创新人才工作体制机制，优化人才成长环境，统筹推进学院各类人才队伍建设。

（5）领导学院思想政治工作和德育工作，坚持用中国特色社会主义理论体系武装师生员工头脑，培育和践行社会主义核心价值观，牢牢掌握学院意识形态工作的领导权、管理权、话语权。维护学院安全稳定，促进和谐校园建设。

（6）加强大学文化建设，发挥文化育人作用，培育良好校风学风教风。

（7）加强对学院系（部）等基层党组织的领导，做好发展党员和党员教育、管理、服务工作，发展党内基层民主，充分发挥基层党组织的战斗堡垒作用和党员的先锋模范作用，加强学院党委自身建设。

（8）领导学院党的纪律检查工作，落实党风廉政建设主体责任，推进惩治和预防腐败体系建设。

（9）领导学院工会、共青团、学生会等群众组织和教职工代表大会，做好统一战线工作。

（10）讨论决定其他事关师生员工切身利益的重要事项。

第三十四条 学院党委委员由学院党员代表大会选举产生，每届任期五年。学院党委对党员代表大会负责并报告工作。

学院党委实行民主集中制，发扬党内民主，实行民主、科学决策；按照"集体领导，民主集中，个别酝酿，会议决定"的要求，坚持重大问题集体讨论决定；实行集体领导与个人分工负责相结合的制度。

党委书记主持党委全面工作，负责组织党委重要活动，协调党委领导班子成员工作，督促检查党委决议贯彻落实，主动协调党委与院长之间的工作关系，支持院长开展工作。

第三十五条 党委会由党委书记召集并主持，或由党委书记委托党委副书记主持。会议议题由学院领导班子成员提出，党委书记确定。党委会必须有半数以上委员到会方能召开。讨论、决定重大议题或中层干部人事任免事项时，应有三分之二以上委员到会方能召开。表决事项时，以超过应到会委员人数的半数同意为通过。

第三十六条 中国共产党湖南电气职业技术学院纪律检查委员会是学院的党内监督机构，在上级纪律检查委员会和学院党委领导下，维护党的章程和其他党内法规，监督检查学院各级党组织和党员贯彻执行党的路线、方针、政策、决议以及学院重大决策的情况，受理党员的控告和申诉，保障党章制定的党员的权益，对违纪案件的处理以及对特别重要的案件处理向上级纪委报告，协助党委加强党风廉政建设和反腐败工作，保障和促进学院事业健康发展。

(二) 院长

第三十七条 院长是学院行政主要负责人，在学院党委领导下，贯彻党的教育方针，组织实施学院党委有关决议，行使高等教育法等规定的各项职权，全面负责教学、科研、行政管理工作。

院长的主要职权是：

（一）组织拟订和实施学院发展规划、基本管理制度、重要行政规章制度、重大教学科研改革措施、重要办学资源配置方案。组织制定和实施具体规章制度、年度工作计划。

（二）组织拟订和实施学院内部组织机构的设置方案。按照国家法律和干部选拔任用工作有关规定，推荐副院长人选，任免内部组织机构的负责人。

（三）组织拟订和实施学院人才发展规划、重要人才政策和重大人才工程计划。负责教师队伍建设，依据有关规定聘任与解聘教师以及内部其他工作人员。

（四）组织拟订和实施学院重大基本建设、年度经费预算等方案。加强财务管理和审计监督，管理和保护学院资产。

（五）组织开展教学活动和科学研究，创新人才培养机制，提高人才培养质量，推进文化传承创新，服务国家和地方经济社会发展，把学院办出特色、争创一流。

（六）组织开展思想品德教育，负责学生学籍管理并实施奖励或处分，开展招生和就业工作。

（七）做好学院安全稳定和后勤保障工作。

（八）组织开展学院对外交流与合作，依法代表学院与各级政府、社会各界和境外机构等签署合作协议，接受社会捐赠。

（九）向党委报告重大决议执行情况，向教职工代表大会报告工作，组织处理教职工代表大会、学生代表大会、工会会员代表大会和团员代表大会有关行政工作的提案。支持学院各级党组织、民主党派基层组织、群众组织和学术组织开展工作。

（十）履行法律法规和学院章程规定的其他职权。

第三十八条 院长办公会是学院行政议事决策机构，院长行使职权的基本形式，主要研究提出拟由党委讨论决定的重要事项方案，具体部署落实党委决议的有关措施，研究处理教学、科研、行政管理工作。院长办公会由院长召集并主持，会议成员一般为学院领导班子成员。必要时可根据院长提议扩大至有关职能部门负责人。会议议题由院班子成员提出，院长确定，由学院办公室收集汇总后，提前告知与会人员。会议实行一事一议，院长应在广泛听取与会人

第三章 规章制度

员意见基础上，对讨论研究的事项作出决定。院长办公会必须有半数以上的应到人员到会方能召开。

（三）学术委员会

第三十九条 学院设立学术委员会。学术委员会是院内最高学术机构；依照其章程统筹行使学术事务的决策、审议、评定和咨询等职权，并对学院其他重大事项提供决策咨询。

第四十条 学院下列事务决策前，应当提交学术委员会审议，或者交由学术委员会审议并直接做出决定：

（一）专业及教师队伍建设规划，以及科学研究、对外学术交流合作等重大学术规划。

（二）自主设置或者申请设置专业。

（三）学术机构设置方案，交叉专业、跨专业协同创新机制的建设方案、专业资源的配置方案。

（四）教学科研成果、人才培养质量的评价标准及考核办法。

（五）学位授予标准及细则，学历教育的培养标准、教学计划方案、招生的标准与办法。

（六）教师职务聘任的学术标准与办法。

（七）学术评价、争议处理规则，学术道德规范。

（八）学术委员会专门委员会组织规程，学术分委员会章程。

（九）学院认为需要提交审议的其他学术事务。

第四十一条 学院实施以下事项，涉及对学术水平做出评价的，应当由学术委员会或者其授权的学术组织进行评定：

（一）学院教学、科学研究成果和奖励，对外推荐教学、科学研究成果奖。

（二）高层次人才引进岗位人选、名誉（客座）教授聘任人选，推荐国内外重要学术组织的任职人选、人才选拔培养计划人选。

（三）自主设立各类学术、科研基金、科研项目以及教学、科研奖项等。

（四）需要评价学术水平的其他事项。

第四十二条 学院做出下列决策前，应当通报学术委员会，由学术委员会提出咨询意见：

（一）制订与学术事务相关的全局性、重大发展规划和发展战略。

（二）学院预算决算中教学、科研经费的安排和分配及使用。

（三）教学、科研重大项目的申报及资金的分配使用。

（四）开展中外合作办学、赴境外办学，对外开展重大项目合作。

（五）学院认为需要听取学术委员会意见的其他事项。

第四十三条 学院学术委员会委员由治学严谨、学风端正并具有较大学术影响的高级专业技术职务的人员担任，由自下而上的民主推荐、公开公正的遴选等方式产生，学术委员会人数为不低于 15 人的单数。其中，担任学院及职能部门党政领导职务的委员，不超过委员总人数的四分之一；不担任党政领导职务及院（部）主要负责人的专任教师委员，不少于委员总人数的二分之一。

学院学术委员会主任委员由院长提名，全体委员选举产生。学院学术委员会委员由院长聘任，每届任期四年。可连选连任，但连任最长不超过两届。学术委员会每次换届，连任的委员人数应不高于委员总数的三分之二。

第四十四条 学术委员会会议实际到会人数达到应到会人数三分之二以上方可召开。学术委员会议事决策实行少数服从多数的原则，重大事项应当以与会委员的三分之二以上同意，方可通过。

学术委员会实行例会制度，每学期至少召开 1 次全体会议。根据工作需要，经学术委员会主任委员或者院长提议，或者在三分之一以上委员联名提议，可以临时召开学术委员会全体会议，商讨、决定相关事项。

（四）教职工代表大会及群团组织

第四十五条 学院实行以教师为主体的教职工代表大会制度。其行使下列职权：

（1）听取学院章程草案的制定和修订情况报告，提出修改意见和建议。

（2）听取学院发展规划、教职工队伍建设、教育教学改革、校园建设以及其他重大改革和重大问题解决方案的报告，提出意见和建议。

（3）听取学院年度工作、财务工作、工会工作报告以及其他专项工作报告，提出意见和建议。

（4）讨论通过学院提出的与教职工利益直接相关的福利、学院内分配实施方案以及相应的教职工聘任、考核、奖惩办法。

（5）审议学院上一届（次）教职工代表大会提案的办理情况报告。

（6）按照有关工作规定和安排评议学院领导干部。

（7）通过多种方式对学院工作提出意见和建议，监督学院章程、规章制度和决策的落实，提出整改意见和建议。

（8）讨论法律法规规章规定的以及学院与学院工会商定的其他事项。

第四十六条 湖南电气职业技术学院工会委员会是上级工会和学院党委领导下的学院职工自愿结合的群众组织，是学院党委联系职工群众的桥梁和纽带，是会员和职工利益的代表。学院工会是教职工代表大会的工作机构，按照《中华人民共和国工会法》《中国工会章程》履行职责。

第四十七条 中国共产主义青年团湖南电气职业技术学院委员会是在院党委和上级团组织的领导下的先进青年的群众组织，按照其章程开展工作，履行职责。

第四十八条 学生代表大会（以下简称"学代会"）是全院学生参与学院民主管理和监督的重要组织形式。学代会在学院党委的领导下和团组织的指导下，按照《中华全国学生联合会章程》等开展工作。其职权主要包括：

（1）听取、审议学生会组织工作报告。

（2）选举产生新一届学生会组织领导机构。

（3）制定及修订学生会组织章程。

（4）开展学生代表提案工作，对学院工作提出意见和建议。

（5）审议与学生切身利益有关的基本规章制度。

（6）法律法规规定由学代会行使的其他职权。

学生委员会由学代会选举产生。学代会闭会期间，学生委员会执行学代会的职权。学生会主席团是学生委员会的执行机构，负责主持学生会的日常工作。

第四十九条 学院支持各民主党派、无党派人士依据法律和各自章程开展活动。通过完善统战工作制度、建立健全民主监督机制、拓宽统战工作渠道等方式，充分发挥民主党派和无党派人士在高校改革发展中的政治协商、参政议政和民主监督的职能。

第五十条 学院根据精简、统一、高效的原则和实际工作需要，按照有关规定自主设置党政工作机构，决定其权责配置。学院党政职能机构、直属机构根据学院授权履行管理和服务职责。

第五章　教学科研机构

第五十一条 系（部）是学院的下属教学科研、学生管理单位，在学院党委、行政的领导下自主开展教学、科研及学生管理活动。其主要职责是：

（一）全面负责本系（部）教学、科研和师生的思想政治工作。

（二）在学院核定的编制内，提出本系（部）教师及其他人员的调入与调出计划或建议。

（三）根据学院发展规划和工作要求，负责制定本系（部）建设发展规划，提出本系（部）的专业设置及教学改革计划、年度招生计划，组织开展本系（部）的师资队伍建设、专业建设、课程建设、基地建设。

（四）按照学院章程和学院管理制度制定本系（部）管理制度。

第三章 规章制度

（五）组织、检查、考核、评价本系（部）教学工作，完成学院下达的各类教学任务。

（六）负责本系（部）学生管理，对学生的奖助学、奖惩提出具体意见。

（七）负责本系（部）教师及职工的工作量酬金的核算和奖金的分配。

（八）负责本系（部）教师专业技术职务评审资格的推荐工作。

（九）根据学院有关规定和财务制度，自主支配使用学院划拨的经费。

（十）根据权限，管理和使用由学院提供的教学、实训、行政用房和设施，管理本系（部）的资产。

（十一）在学院有关规定范围内，积极开展对外交流合作、社会服务等活动。

（十二）行使学院赋予的其他权利和职能。

第五十二条 系（部）实行主任负责制，设主任一名，副主任根据需要设立。主任是本单位的行政负责人，全面负责本单位的教学、科研、行政管理等工作。

第五十三条 系（部）根据工作需要和党员人数，经学院党委批准，设立党总支或直属党支部。其主要职责是：

（一）宣传、执行党的路线方针政策及学院党委的决议，为本单位贯彻落实学院行政决定发挥保证监督作用。

（二）通过党政联席会议，讨论和决定本单位重大问题和重要事项，支持本单位行政领导班子和负责人在其职责范围内独立负责地开展工作。

（三）负责本单位党组织的思想建设、组织建设、作风建设、反腐倡廉建设和制度建设。

（四）领导本单位的思想政治工作。

（五）做好本单位党员干部的教育和管理工作。

（六）负责本单位的安全稳定工作。

第五十四条 系（部）原则上实行专业负责人（教研室主任）和课程负责人制度，在系（部）领导下具体负责相关教学、科研以及技术服务等办学活动。学院积极引进行业企业高级管理人员、资深专家和高级技术人才充实各系（部）的管理或教学、科研队伍。

第五十五条 系（部）决策实行党政联席会议制度。系（部）工作中的重大事项须经党政联席会议讨论决定，视议题由主任或党总支书记召集并主持。

第五十六条 学院积极支持各级各类技术研发中心和生产性实训基地的建设，纳入学院人才培养、应用技术研究、社会服务、文化传承创新的统一规划，不断提高其建设水平和质量。

第五十七条 根据职业教育发展的需要，学院可建立混合所有制二级学院（部）。混合所有制二级学院（部）由学院党委、行政统一领导，实行理事会决策下的院长（主任）负责制。

第六章 学生与学员

第五十八条 学生是指被学院依法录取、取得入学资格、具有学院注册学籍的受教育者。学生是学院教育教学活动的主体。

第五十九条 学生享有下列权利：

（一）参加学院教育教学计划安排的各项活动，使用学院提供的教育教学资源。

（二）参加社会服务、勤工助学，在学院内组织、参加学生团体及文娱体育等活动。

（三）申请奖学金、助学金及助学贷款。

（四）在思想品德、学业成绩等方面获得公正评价，完成学院规定学业后获得相应的学历证书。

（五）对学院给予的处分或处理有异议，向学院或教育行政主管部门提出申诉；对学院、教职工侵犯其人身权、财产权等合法权益，提出申诉或依法向人民法院提起诉讼。

（六）法律法规和学院规章规定的其他权利。

第六十条 学生应履行下列义务：

（一）遵守法律法规和学院管理制度。

（二）努力学习，完成学院规定学业。

（三）按规定缴纳学费及有关费用，履行获得贷学金及助学金的相应义务。

（四）遵守学生行为规范，尊敬师长，养成良好的思想品德和行为习惯。

（五）珍惜学院声誉，维护学院利益。

（六）法律法规和学院规章规定的其他义务。

第六十一条 取得学籍的学生在学院规定年限内，修完教育教学计划规定的内容，德、智、体达到毕业要求，准予毕业，由学院发给毕业证书；未达到毕业条件的学生，按照国家学籍规定颁发相应的结业证书、肄业证书和学习证明。

第六十二条 学院建立学生管理制度和学生考核评价机制，依据考评结果对取得突出成绩和为学院赢得荣誉的学生集体或个人进行表彰和奖励，对有违纪行为的学生进行批评教育或纪律处理、处分。

第三章 规章制度

第六十三条 学生在学院内可以按规定组织、参加学生团体。

学院提倡和支持学生团体开展学术、科技、文化、艺术、体育等活动。

第六十四条 学院依法建立家庭经济困难学生的救助制度。

家庭经济困难的学生可以申请国家励志奖学金、助学贷款、助学金、困难补助或减免学费。

学院鼓励和支持学生利用业余时间参加社会服务和勤工助学活动，并进行适当的引导和管理。

第六十五条 学院致力于学生可持续发展，建立和健全高效率、人性化的就业服务体系。

第六十六条 学院依法建立学生安全管理制度，预防和处理学生伤害事故。

第六十七条 学院建立和完善学生权利保护制度，维护学生合法权益。设立学生申诉处理委员会，按规定程序受理学生申诉。

第六十八条 学院关怀在学习生活中遇到特殊困难的学生，为其健康成长提供必要的帮助。

为学生提供心理健康教育与咨询、就业推荐和就业创业教育指导等服务。

第六十九条 学员是指按照规定在学院注册但没有学籍的接受非学历教育的受教育者。学员按照国家和学院的有关规定或者教育服务协议的约定，享有相应的权利和履行相应的义务。

学院按照有关规定发给学员相应的结业证书或学习证明。

第七章 教职工

第七十条 学院教职工由教师、其他专业技术人员、管理人员和工勤人员组成。教师是学院办学的主要依靠力量。

第七十一条 教职工享有下列权利：

（一）进行教育教学活动，开展教育教学改革，按工作职责和需要公平合理使用学院公共资源。

（二）从事科学研究、学术交流，参加专业的学术团体，在学术活动中充分发表意见。

（三）指导学生的学习和发展，评定学生的品行和学业成绩。

（四）按时获取工资报酬，享受国家规定的福利待遇以及寒暑假期的带薪休假。

（五）对学院教育教学、管理工作和教育行政部门的工作提出意见和建议，通过教职工代表大会或其他形式，参与学院的民主管理。

（六）参加进修或者其他方式的培训。

（七）向学院和教育行政部门提出申诉。

（八）法律法规和学院规章规定的其他权利。

第七十二条 教职工履行下列义务：

（一）遵守宪法、法律和职业道德，为人师表。

（二）贯彻国家的教育方针，遵守规章制度，执行学院的教学计划，履行教师聘约，完成教育教学工作任务。

（三）对学生进行宪法所确定的基本原则的教育和爱国主义、民族团结的教育，法制教育以及思想品德、文化、科学技术教育，组织、带领学生开展有益的社会活动。

（四）关心、爱护学生，尊重学生人格，促进学生品德、智力、体质等方面全面发展。

（五）制止有害于学生的行为或者其他侵犯学生合法权益的行为，抵制有害于学生健康成长的现象。

（六）不断提高思想政治觉悟和教育教学业务水平。

（七）法律法规和学院规章规定的其他义务。

第七十三条 学院根据事业发展需要合理确定教职工总量和教职工比例，合理设置各类教职工岗位及其相应专业技术职务。学院对教师实行教师资格认定和教师岗位聘用制度，对其他专业技术人员、管理人员及工勤技能人员实行岗位聘用制度。

第七十四条 学院对教职工的思想政治表现、职业道德、业务水平和工作实绩定期进行考核，考核结果作为聘任、晋升、奖惩、解聘的依据。

第七十五条 学院对在人才培养、科学研究、社会服务、学院管理和后勤保障等方面做出突出贡献的教职工给予表彰和奖励；对违反学院规章制度、聘用合同的教职工，依法依规给予相应的处理或处分。

第七十六条 学院按国家规定保障教职工的工资及福利待遇，并建立与学院发展水平相适应的增长机制；关心爱护教职工身心健康，丰富教职工文化生活。

第七十七条 学院尊重和爱护人才，鼓励、支持教师个人和集体进行教育教学研究改革和实践，提供必要的条件和保障。

第七十八条 外聘的专家教授、兼职教师在学院从事教学、科研活动期间，依据法律、政策规定和学院合同约定，享有相应的权利，履行相应的义务，学院为其提供必要的条件和帮助。

第七十九条　教职工达到退休年龄，由学院办理退休手续，移交学院举办者进行管理。

第八章　经费、资产与后勤

第八十条　学院经费包括举办者的经费投入、财政补助收入、事业收入、经营收入、社会捐资和其他收入。

学院积极拓展办学经费来源，筹措教育事业发展资金；鼓励和支持所属各单位和教职工面向社会筹措教学、科研经费，获取社会支持。

第八十一条　学院资产为国有资产，包括固定资产、流动资产、在建工程、无形资产和对外投资等。

第八十二条　学院实行"统一领导、归口管理、分级负责、责任到人"的国有资产管理体制，合理配置资源，提高资源使用效率，确保国有资产的安全有效、保值增值。

第八十三条　学院实行"统一领导、集中管理"的财务管理体制，规范学院经济秩序；坚持"量入为出、收支平衡"的预算编制原则，有效控制和管理预算执行；建立科学规范的预算绩效管理运行机制，推进财务精细化管理；学院建立健全财务预算、内部控制、经济责任、财务信息披露等监督制度，依法公开财务信息，保证资金运行安全。

学院建立内部审计制度，对学院和所属单位实施内部审计。

第八十四条　学院建立和完善后勤管理和服务体系，为师生提供必要的条件和活动场所，为办学活动提供后勤保障；建立安全保障机制，为师生提供必要的安全保障体系，依法保护其人身、财产安全及合法权益。

第九章　学院与社会

第八十五条　学院建立湖南电气职业技术学院理事会。理事会是由政府机关、行业、企业、校友、社会知名人士等各方代表组成的支持学院发展的咨询、协商、审议与监督机构。理事会设专门办事机构负责理事会日常工作。

理事会的主要职责是：参与学院办学中的重大问题和重大事项的咨询指导，为学院改革发展献计献策；推动学院与社会的广泛合作，为学院改革发展寻求社会支持；争取资源，对理事会基金的筹措与使用进行决策。

理事会坚持"双向参与、互利互惠、全面合作、共同发展"的方针。理事会成员应维护学院的整体利益，为学院改革和发展做出积极贡献。

第八十六条　学院密切与社会、行业和企业的联系，坚持需求导向、全面开放、深度融合、创新引领的基本原则,开展全方位合作,大力推动协同创新,全面提升学院人才、专业、科研三位一体的创新能力。

第八十七条 学院顺应现代职业教育发展需要,依托全国新能源装备技术产业职教集团促进教育链和产业链有机融合,整合政府、行业、企业、各方职教资源,共同培养新能源、先进装备制造和生产性服务业紧缺的技术技能型人才,为地方经济社会的发展做出贡献。

第八十八条 学院设立"湖南电气职业技术学院校友总会",总会依照国家有关规定及章程开展活动。

学院以多种方式联系和服务校友,凝聚校友力量。学院鼓励校友参与学院建设与发展。

第八十九条 学院依法成立教育基金会,建立完善的基金规范管理制度。积极发挥基金会在推动社会合作、吸引社会捐赠、募集办学资金等方面的积极作用,增加办学资源,推动学院事业发展。

第十章 校徽、校歌、校庆日

第九十条 学院校徽是学院的象征。

校徽图案为:1. 徽志运用举办者单位形象识别系统蓝白主色系元素,并以外环套圆形徽标,充分体现学院坚守初心及"厂中校""校企融合"的特色办学体制。2. 学院前身为国民政府资源委员会中央电工器材总厂艺徒训练学校,徽标中间部分沿用原中央电工器材厂徽章中的"电"字创意符号,"1941"代表学院的建校时间,象征着学院办学历史悠久,文化底蕴浓厚。同时该标识也是电气英文"ELECTRICAL"前三个字母的组合,体现学院四个特色专业群中"风电、电梯、电商、电车"的涉"电"特色、传统和方向。其中字母"E"包含"电气、教育、能量"含义,凸显学院坚守"产教融合"理念;中间字母"Z"包含"中国、职业、忠信敏确"含义,表达学院扎根中国职业教育的历史和信念。中间"Z"也是"工"字变体,彰显学院对工业文化和工匠精神的传承和发扬。3. 圆形徽标外围采用电机定子齿轮设计,象征学院源远流长的工业背景和对工匠精神的传承,体现学院根植于机电一体化与先进装备制造技术,服务国家制造业发展。4. 上方8个轮齿代表学校历经80周年的风雨历程,并将继往开来,始终立足于中国职业教育发展的前沿,服务国家制造业发展,在时间的长河中生生不息、周而复始、源源不断为国家输送技术技能型人才。5. 外环部分,采用学院的中文校名手写体与英文全称相结合,圆形徽标的上方为学院中文校名,下方是学院英文名"HUNAN ELECTRICAL COLLEGE OF

TECHNOLOGY",辨识度高,大气庄重。6. 校徽标志底色为:蓝色+白色,代表理性、严谨、忠诚、专注。象征着万鸟翱翔过深邃的天空,也寓意着莘莘学子徜徉在无边无际的知识海洋,诠释着电气人努力奋进的精神品质!

第九十一条　学院校歌为《电气之歌》,由集体词,彭家望曲。
第九十二条　学院校庆日为4月28日。

第十一章　附　　则

第九十三条　本章程制定与修订经学院教代会讨论、院长办公会审议、院党委会审定后,报湘电集团有限公司同意,报湖南省教育厅核准。

第九十四条　学院章程具有下列情形之一时修订:依据的教育法律法规和教育政策发生变化,或学院管理体制、学院发展目标发生变化时,由院长提出或院党委三分之一以上委员联合提议或教职工代表大会三分之一以上代表联合提议,经党委会同意后,启动本章程的修订程序。

第九十五条　本章程是学院依法办学基本准则,学院制定的其他规章制度不得与本章程相抵触。

第九十六条　本章程由学院党委负责解释。
第九十七条　本章程经湖南省教育厅核准后生效,自学院公布之日起实施。

二、湖南电气职业技术学院学生管理规定(修订版)

湖南电气职业技术学院学生管理规定(修订版)

第一章　总　　则

第一条　为规范我院学生管理行为,维护学校正常的教育教学秩序和生活秩序,保障学生合法权益,培养德、智、体、美等方面全面发展的社会主义建设者和接班人,依据《普通高等学校学生管理规定》(教育部令第41号),特制定本规定。

第二条 本规定适用我院在籍学生的管理。

第三条 学校要坚持社会主义办学方向,坚持马克思主义的指导地位,全面贯彻国家教育方针;要坚持以立德树人为根本,以理想信念教育为核心,培育和践行社会主义核心价值观,弘扬中华优秀传统文化和革命文化、社会主义先进文化,培养学生的社会责任感、创新精神和实践能力;要坚持依法治校,科学管理,健全和完善管理制度,规范管理行为,将管理与育人相结合,不断提高管理和服务水平。

第四条 学生应当拥护中国共产党领导,努力学习马克思列宁主义、毛泽东思想、中国特色社会主义理论体系,深入学习习近平总书记系列重要讲话精神和治国理政新理念新思想新战略,坚定中国特色社会主义道路自信、理论自信、制度自信、文化自信,树立中国特色社会主义共同理想;应当树立爱国主义思想,具有团结统一、爱好和平、勤劳勇敢、自强不息的精神;应当增强法治观念,遵守宪法、法律、法规,遵守公民道德规范,遵守学校管理制度,具有良好的道德品质和行为习惯;应当刻苦学习,勇于探索,积极实践,努力掌握现代科学文化知识和专业技能;应当积极锻炼身体,增进身心健康,提高个人修养,培养审美情趣。

第五条 实施学生管理,应当尊重和保护学生的合法权利,教育和引导学生承担应尽的义务与责任,鼓励和支持学生实行自我管理、自我服务、自我教育、自我监督。

第二章 学生的权利与义务

第六条 学生在校期间依法享有下列权利:

(一)参加学校教育教学计划安排的各项活动,使用学校提供的教育教学资源;

(二)参加社会实践、志愿服务、勤工助学、文娱体育及科技文化创新等活动,获得就业创业指导和服务;

(三)申请奖学金、助学金及助学贷款;

(四)在思想品德、学业成绩等方面获得科学、公正评价,完成学校规定学业后获得相应的学历证书、学位证书;

(五)在校内组织、参加学生团体,以适当方式参与学校管理,对学校与学生权益相关事务享有知情权、参与权、表达权和监督权;

（六）对学校给予的处理或者处分有异议，向学校、教育行政部门提出申诉，对学校、教职员工侵犯其人身权、财产权等合法权益的行为，提出申诉或者依法提起诉讼；

（七）法律、法规及学校章程规定的其他权利。

第七条 学生在校期间依法履行下列义务：

（一）遵守宪法和法律、法规；

（二）遵守学校章程和规章制度；

（三）恪守学术道德，完成规定学业；

（四）按规定缴纳学费及有关费用，履行获得贷学金及助学金的相应义务；

（五）遵守学生行为规范，尊敬师长，养成良好的思想品德和行为习惯；

（六）法律、法规及学校章程规定的其他义务。

第三章　学籍管理

第一节　入学与注册

第八条 入学

（一）凡按国家招生规定被我校正式录取的新生，须持我校录取通知书、身份证和户口本，按学院有关要求和规定日期到校办理入学手续。因故不能按期入学者，应当由本人或委托他人以书面形式履行请假手续，请假时间一般不得超过两周。对未请假或者请假逾期的，除因不可抗力等正当事由以外，视为放弃入学资格。

学校招就处在报到时对新生入学资格进行初步审查，审查合格的办理入学手续；审查发现新生的录取通知、考生信息等证明材料，与本人实际情况不符，或者有其他违反国家招生考试规定情形的，取消入学资格。

（三）新生可以申请保留入学资格，除新生入伍外申请保留入学资格的期限不得超过1年。保留入学资格期间不具有学籍，不享受在校生待遇。

新生保留入学资格期满前应向学校申请入学，经学校审查合格后，办理入学手续。审查不合格的，取消入学资格；逾期不办理入学手续且未有因不可抗力延迟等正当理由的，视为放弃入学资格。

（四）入伍高校新生申请保留入学资格，应当由入伍高校新生本人持高校录取通知书和身份证（户口簿）、高中阶段教育毕业证，到入伍地县（市、区）人民政府征兵办公室（以下简称县级征兵办）领取并填写《应征入伍普通高等学校录取新生保留入学资格申请表》（以下简称《保留入学资格申请表》），一式两份。学院接到入伍高校新生申请保留入学资格的有关材料后，依法依规审核录取资格，办理保留入学资格手续，在中国高等教育学生信息网学生个人信息中标注"参军入伍"，出具《保留入学资格通知书》。《保留入学资格申请表》审核加盖学校公章后，一份学院备案，另一份连同《保留入学资格通知书》寄送相关县级征兵办。县级征兵办收到上述材料后，将《保留入学资格申请表》留存备案，并在1周内将《保留入学资格通知书》送交入伍高校新生或受委托人保管。入伍高校新生在退役后2年内，可以在退役当年或者第2年高校新生入学期间，持《保留入学资格通知书》和高校录取通知书，到学院办理入学手续。

（五）新生入学三个月内招生就业处、学工处、教务处按照国家招生规定共同组织复查。复查内容主要包括以下方面：

1. 录取手续及程序等是否合乎国家招生规定；
2. 所获得的录取资格是否真实、合乎相关规定；
3. 本人及身份证明与录取通知、考生档案等是否一致；
4. 身心健康状况是否符合报考专业或者专业类别体检要求，能否保证在校正常学习、生活；
5. 艺术、体育等特殊类型录取学生的专业水平是否符合录取要求。

复查中发现学生存在弄虚作假、徇私舞弊等情形的，确定为复查不合格，取消学籍；情节严重的，由学校移交有关部门调查处理。

复查中发现学生身心状况不适宜在校学习，经学校指定的二级甲等以上医院诊断，需要在家休养的，可以按照第八条（三）的规定由本人提出申请，经学校批准，保留入学资格一年，并应在两周内办理离校手续，回家或回原单位治疗，医疗费自理。在保留入学资格期内经治疗康复，可在下一学年新生入学前向学校教务处申请入学，由学院指定医院诊断，符合体检要求，经学校复查合格后，重新办理入学手续。保留入学资格的学生重新入学后随下一年级学习。复查不合格或逾期不办理入学手续者，取消入学资格。

第九条　注册

（一）每学期开学时，学生在学校规定报到日期内到校缴纳学费及有关费用，持学生证和缴费凭证到所在二级学院核实注册信息并本人签名。

凡因故不能如期报到注册者，必须事先履行请假手续暂缓注册（病假须凭县级以上医院证明），请假时间从规定注册之日起，不得超过两周。

家庭经济困难的学生可以到学工处申请助学贷款或学费缓交、减免，持已经批准的完备手续到所在二级学院核实注册信息并签名，如减免、贷款的数额少于应交费用时，在学生补齐差额后予以核实注册信息并签名。未办理请假、续假手续超过两周以上（含两周）或请假后逾期不报到注册者，视为学生放弃学籍，按自动退学处理。

（二）学生有下列情形之一的，不予注册。未注册者不能取得新学期的学籍。

1. 未按规定缴纳清学费的；
2. 保留入学资格、休学、保留学籍或其他原因离校的；
3. 达到退学规定的；
4. 其他不符合注册条件的。

（三）高职新生（含对口考取和五年制第四学年转入高职注册的学生）学籍注册工作完成后，高职新生必须本人登录学信网站进行本人学籍电子注册信息核对（具体操作步骤是：登录"中国高等教育学生信息网"，网址为 http://www.chsi.com.cn/）。进入页面后即可看到全国普通高校新生"学籍查询"系统，在身份证号、考生号、姓名三项中至少输入两项，查询自己的学籍电子注册信息，若三项均输入，则都作为查询条件。如在图像校对过程中，查询不到本人的学籍电子注册信息，或是查询到本人的学籍电子注册信息有误，应及时到教务处找负责学籍管理老师处进一步查明学籍情况。

各二级学院负责督促新生本人登录学信网核对学籍信息，并将在图像校对过程中，查询不到本人的学籍电子注册信息，或是查询到本人的学籍电子注册信息有误的情况汇总反馈教务处。新生在第一学期内登录完成校内 CRP 系统信息的完善与修改，如有问题及时反馈教务处。

第十条 学生身份信息变更

（一）学生身份信息，主要是指在籍学生的姓名、性别、民族、出生日期、身份证号等个人身份信息。

（二）学生真实身份信息与学校《招生录取新生名册》所记载的信息不符的，应提出变更要求。学生本人不申请的，不予办理。学生不能同时申请更改姓名和身份证号码。

（三）学生申请变更个人身份信息资料，必须遵守《中华人民共和国居民身份证法》，否则一切法律责任由学生本人承担。

（四）学院原则上只受理当年新入学的学生身份变更的申请。受理时间为新生入学后两个月内，逾期不提交申请和证明材料的，按招生数据进行学籍管理和发放学历证书。

（五）因高考报名时录入错误导致信息不符的，根据学生档案中的身份证复印件等资料核实确认后可同意变更。由于高考报名后学生自行变更姓名、身份证号等导致信息不符的，要有公安户籍部门出具的证明才能变更。

（六）符合身份信息变更的学生，本人持户口簿、身份证复印件（携原件核对）和当地派出所证明材料，填写《湖南电气职业技术学院在校生学籍信息变更审批表》，经学校招生就业处、各二级学院、学工处、教务处审核办理。

（七）学生的身份信息变更后，教务处将变更的身份信息正式备案，作为学籍管理信息使用。学生身份信息变更后，若再次提出变更，学院将不予受理。

（八）学院工作人员必须严格按照学院有关规定进行变更学生个人身份资料的工作，如利用职务之便为学生变更个人身份资料提供虚假信息和违规操作，所变更的学生身份资料无效，并要承担相应责任。

第二节　考核与成绩记载

第十一条　学生每学期必须参加专业人才培养方案规定的课程及实践环节（实验、实训、实习、课程设计、毕业设计等）的考核，考核总评成绩为60分（含60分）或及格（含及格）以上成绩才能取得学分。考核成绩如实记入成绩册，并归入本人学籍档案。选修课程不及格，不记入学生成绩册，可改选其他课程或重修。

第十二条　课程分为必修课和选修课，考核分为考试和考查两种。考试课程成绩的评定采用百分制，考查课程、选修课程成绩的评定采用按经百分制分数转换的五级分制记。百分制与五级分制转换标准：90～100分（优秀）、80～89分（良好）、70～79分（中）、60～69分（及格）、59分及以下为不及格。

第十三条　学生所修课程的总评成绩要结合学生平时成绩（包括上课出勤情况、作业、课堂问答、平时测验等）、实践环节成绩及期末考试成绩等进行综合评定，平时成绩所占课程总评成绩比例一般不低于40%，特殊情况由教务处会同各二级学院商定。

第十四条　人才培养方案中安排的实践环节的考核分两种情况进行：

（一）属于课程安排内容的实践环节考核不及格，则该课程不及格。

（二）独立设课的实践环节考核不及格，则该环节不及格。

第十五条　学生有下列情形之一的，取消该课程（环节）的考核资格，课程（环节）成绩按零分计，不准参加该课程（环节）期末考试：

（一）课程（环节）缺课（包括病、事假、旷课）累计达该课程总课时的30%及以上的；

（二）课程作业或实践记录、报告缺交1/3及以上的（按教师规定的时间逾期一周不交者,以缺交论)。

第十六条 体育课为必修课,体育课成绩按《大学生体育合格标准》的规定进行评定。学生体育成绩评定突出过程管理,可以根据考勤、课内教学、课外锻炼活动和体质健康等情况综合评定。

第十七条 学生思想品德的考核、鉴定,要以《高等学校学生行为准则》为主要依据,采取个人小结、师生民主评议等形式进行,由学生管理部门负责。

第十八条 学生参加创新创业、社会实践等活动与专业学习、学业要求相关的经历可折算为实践环节(顶岗实习、毕业设计等)的学分,计入学业成绩。

学生发表论文、获得专利授权等与专业学习、学业要求相关的成果可以折算为相关专业课程学分。

第十九条 学生可以申请辅修校内其他专业或者选修其他专业课程;可以申请跨校辅修专业或者修读课程,参加学校认可的开放式网络课程学习。学生修读的课程成绩,学校审核同意后,予以承认。

第二十条 学生因病或特殊原因不能按时参加考核,必须事先持相关证明申请缓考,经任课教师、辅导员、二级学院领导批准,报教务处备案后方可准予缓考,并由二级学院通知任课教师(任课教师在成绩册注明"缓考")。缓考安排在下学期的补考同时进行,缓考成绩按实际成绩计入"补考成绩"栏。

第二十一条 补考、重修规定

(一)学生在每学期开设的必修课程中,若某门课程总评成绩不及格,则必须参加下一学期开学初课程补考(选修课不实行补考,但可以重修或改选其他课程)。补考成绩按60分计入"补考成绩"栏。

(二)补考时间一般安排在下一学期开学后的第三周双休日进行,最后一学期的课程不安排补考,直接安排毕业清考。每届只安排一次毕业清考,毕业清考时间一般安排在每年5月中旬。

(三)独立设置的实践性环节成绩不及格者,不予补考,直接重修。

(四)凡考试作弊者,作弊课程成绩记为零分,并视其违纪或者作弊情节,按照学院有关规定给予相应的纪律处分。情节轻微,经教育表现较好,可以对该课程给予补考或重修机会。

(五)对于因故不能参加补考或补考后仍不及格的课程,则须按规定报名参加下一学期重修。重修课程成绩以考核实际成绩记载,成绩及格者给予该课程学分。

(六)重修课程一般应随开课年级重新修读,也可由学院视具体情况另行组织编班重修。学生重修时因课程时间安排冲突无法兼顾听课者,经二级学院认可并报教务处备案，学生可适当调整安排听课时间，但必须随班完成作业及实践性环节，随班参加重修课程的考试。

第三节 升级与留级

第二十二条 升级

学生学完本学年人才培养方案规定的课程，经考核成绩及格，准予升级。

第二十三条 留级

（一）经过补考，高职学生一学年累计有六门课程（含考查课程）不及格者，五年制学生一学年累计有八门课程（含考查课程）不及格者，其不及格的课程不能跟班重修，应予留级。

（二）学生留级时不及格课程门数，按下列规定计算：

1. 凡一门课程分几个学期讲授，而每个学期都进行考核时，每学期均按一门课程计算；

2. 凡按人才培养方案规定的各种实践教学环节，如单独进行考核时，均各按一门课程计算；

3. 体育课不及格，不计入留、降级课程门数。

（三）留级的学生编入下一年级的相同专业学习，若下一年级未招相同专业的，则转入相近专业学习。留级学生学号不变，但应参加留入年级的各种活动，按留入年级人才培养方案的要求安排学习。前一学年所学课程已及格的，可不再参加学习和考核。前一学年不及格的课程及以前未学课程，必须重新参加学习和考核。

（四）学生在校学习期间只能留级一次，若留级后再次达到留级标准者，按自动退学处理。

（五）学生升级与留级的学籍处理以学年为单位进行。留级学生名单由教务处于每学年第一学期第三周根据学生补考成绩确定，经各教学单位核实，报院长办公会审批。审批同意后，教务处出具《湖南电气职业技术学院留级通知书》，由原班级辅导员送达学生并通知家长。学生接到留级通知之日起必须在七日以内办理有关手续，转入下一年级相应班级就读。

第四节 转专业与转学

第二十四条 转专业

（一）学生在学习期间对其他专业有兴趣和专长的，可以申请转专业；以特殊招生形式（没有使用高考成绩或部分使用高考成绩）录取的学生，国家有相关规定或者录取前与学校有明确约定的，不得转专业。

（二）申请条件。

1. 转专业只限一年级新生。原则上三年全日制高职学生，二年级以上（含二年级）不得转专业。转专业仅限在学期期末申请办理，要求学生在原班考试结束后凭教务处的通知编入新班级，下学期期初报到时在新班级就读。

2. 有下列情形之一，可以申请转专业：

①学生确有某种特长或对某专业具有浓厚学习兴趣，转专业之后有利于发挥所长；

②学生入学后发现某种疾病或生理缺陷，经医院检查证明不能在原专业学习，但尚能在本校其他专业学习的；

③学校根据社会对人才需求情况的发展变化，需要适当调整专业的；

④休学创业或退役后复学的学生，因自身情况需要转专业的，学校优先考虑。

3. 学生在校期间只能申请一次转专业，转专业后再申请更改或撤销的，学校不予受理。

第二十五条　办理转专业的程序

（一）在学院规定的转专业时间内，学生根据本人实际情况，向所在二级学院提出转专业申请，提供相关证明材料，并填写《湖南电气职业技术学院学籍异动申请表》；

（二）各转出二级学院审核学生转专业申请，学工书记签署审核结果和结论性意见；

（三）各转入二级学院学工书记签署审核结果和结论性意见；

（四）教务处编号审核，上报分管院领导同意后，由学生原所在二级学院通知批准转专业的学生办理相关手续。

第二十六条　转学

（一）学生一般应当在本校完成学业。如患病或确有特殊困难、特别需要，无法继续在本校学习或者不适应本校学习要求的，可以申请转学。

（二）学生有下列情形之一，不得转学：

1. 入学未满一学期或者毕业前一年的；

2. 高考成绩低于拟转入学校相关专业同一生源地相应年份录取成绩的；

3. 由低学历层次转为高学历层次的；

4. 以定向就业招生录取的；

5. 其他无正当理由的。

学生因学校培养条件改变等非本人原因需要转学的，学校应当出具证明，由所在地省级教育行政部门协调转学到同层次学校。

第二十七条 学生转学由学生本人提出申请，说明理由，经所在学校和拟转入学校同意，由转入学校负责审核转学条件及相关证明，认为符合本校培养要求且学校有培养能力的，经学院院长办公会或者专题会议研究决定，可以转入。转学手续办完后，在学校门户网站公示，并在转学完成后3个月内，由转入学校报所在地省级教育行政部门备案。

跨省转学的，由转出地省级教育行政部门商转入地省级教育行政部门，按转学条件确认后办理转学手续。须转户口的由转入地省级教育行政部门将有关文件抄送转入校所在地公安部门。

第五节 休学与复学

第二十八条 学制与学习年限

大专（高职）各专业的标准修业年限通常为3年，初中起点的中高职贯通生标准修业年限为5年。我校三年制高职生在校学习的最长年限为6年，五年制高职生在校学习的最长年限为8年，超过此年限者，不予注册。

对休学创业的学生，出具相关证明材料，最长学习年限8年。

因各种原因保留学籍、休学等均计入在校学习年限（服兵役除外）。

第二十九条 休学

（一）学生在学校规定的在校学习年限内，可采用休学的形式分阶段完成学业。

（二）学生有下列情形之一，应予休学：

1. 因个人身体原因而不能正常学习提出休学申请经学院审批同意的；

2. 因病或伤经三甲以上医院诊断，认为必须停课治疗或休养超过6周的；

3. 由于其他特殊原因，学院认为必须休学的。

（三）入学第一学期不得休学，如因病无法坚持学习者，按本规定第八条（三）办理。

（四）休学一般以一学年为期（因病或伤经学院批准，可连续休学两年），累计不得超过两次。学期结束前开始休学者，该学期按休学计算。休学期间不得擅自来校上课，所取得的学习成绩无效。

（五）申请休学的学生须填写《湖南电气职业技术学院学籍异动审批表》，经家长确认，辅导员与所在二级学院同意，报教务处编号审核，分管院领导批准后，方可休学。若是医院诊断认为必须停课治疗或休养超过6周或学院认为必须休学的，学院可令其休学，并发给休学通知书。

第三章 规章制度

（六）休学学生应当办理休学离校手续，学校保留其学籍。学生休学期间不享受在校学习学生待遇，休学学生患病，其医疗费自理。

第三十条 学生应征参加中国人民解放军（含中国人民武装警察部队），持入伍通知书，填写《湖南电气职业技术学院学籍异动审批表》办理保留学籍手续，学校保留其学籍至退役后两年。退伍复员学生，应及时来校办理复学手续，恢复学籍，跟班就读，完成因入伍而不能按时完成的学业，各科成绩合格后方可毕业。若保留学籍期满不办理复学手续者，取消学籍。保留学籍期间不享受在校生待遇。

第三十一条 复学

（一）休学期满需复学的学生，应于学期开学前向学校提出复学申请。对因病或伤休学者，需经学院指定医院复查合格后，经所在二级学院同意，教务处审核批准，方可复学；对其他原因休学的学生，须附家长意见，经所在二级学院同意，教务处审核批准，方可复学。

（二）休学期满1年后，未来校办理复学手续者，作自动退学处理。

（三）应征入伍保留入学资格和保留学籍的，退役2年后，不回校办理入学手续或复学手续的，取消入学资格或学籍。

（四）对复学的学生，若复学时该专业停招，可安排相近专业学习。如学生在休学、保留学籍期间有严重违法乱纪行为者，经发现取消其学籍。

第六节 退　　学

第三十二条 学生有下列情形之一，予以退学处理：

（一）学业成绩未达到学校要求或者在学校规定的学习年限内未完成学业的；

（二）休学、保留学期期满，在学校规定期限内未提出复学申请或者申请复学经复查不合格的；

（三）根据学校指定医院诊断，患有疾病或者意外伤残不能继续在校学习的；

（四）未经批准连续两周未参加学校规定的教学活动的；

（五）超过学校规定期限未注册而又未履行暂缓注册手续的；

（六）高职学生一学期旷课累计超过60学时，五年制学生一学期旷课累计超过80学时（旷课一天按实际授课时数计）的；

（七）本人申请退学的，经学校审核同意后，办理退学手续。

第三十三条 学生退学，由学生所在二级学院提出处理意见，经学生工作处和教务处复核，报分管院领导审批，由院长办公会议讨论决定。

对主动要求退学者，填写《湖南电气职业技术学院学籍异动审批表》，经家长确认,所在二级学院同意,报学生工作处和教务处审核,教务处每月底汇总上报院长办公会讨论决定。

第三十四条 对退学的学生,由学校出具退学决定书并送达本人(送达方式可采取下列任何一种:学生本人签收,学生拒绝签收的,可以以留置方式送达;已离校的,可以采取邮寄方式送达,通过邮寄送达的,以回执上注明的收件日期为送达日期;难于联系的,在学校网站公告公示方式送达。)

第三十五条 退学的学生,应在退学批准之日起 2 周内办理退学手续离校。逾期不办者,在确认退学决定已送达本人后,由学校直接注销其学籍。退学学生的档案、户口退回其家庭户籍所在地。

第三十六条 经退学学生申请,学院给退学学生核发肄业证明或写实性学习证明(学习时间一年以下的)。未经学院批准擅自离校者,不发给有关证明。退学的学生不得申请复学。

第三十七条 学生对退学处理有异议的,按《湖南电气职业技术学院学生管理规定》申诉有关规定处理。

第七节 毕业与结业

第三十八条 毕业

(一)按教育部规定,从 2010 年起,大专毕业生必须在 12 月 1—31 日上"中国高等教育学生信息网"(网址为 http://www.chsi.com.cn/)进行"毕业生学历图像校对"(此项功能在每年的 12 月 1 日开通)。学历图像校对内容涉及学生的个人信息,必须由学生自己上网校对(实名注册),不能委托他人代劳;同时严禁未经本人允许,尝试校对他人的图像信息。

毕业生学历证书电子注册的图像信息直接采用经毕业生本人在"中国高等教育学生信息网"上核对无误的图像信息,未及时在网上进行图像校对的毕业生,其学历证书电子注册信息将不能查询,其后果由学生本人承担。

(二)学生在学校规定年限内,修完人才培养方案规定内容(含实践环节)并考核合格,德、智、体、美等方面达到毕业要求,准予毕业,离校前由学校发给毕业证书。

(三)提前完成教学计划规定的所有课程和教学环节的学生,可以申请提前毕业。申请提前毕业的学生应在毕业的前一年 9 月提出书面申请和学习计划,院系对其学习成绩和能力进行审核后,报教务处批准。准予提前毕业的学生纳入毕业年级统一管理,届时未能达到毕业要求者,按毕业审查结论结业或肄业离校。

第三章 规章制度

第三十九条 结业

（一）学生在标准修业年限内，修完教育教学计划规定内容，但未达到毕业要求的，学校准予结业，经学生申请，教务处开具重修通知书，重修成绩合格后方可申请毕业。

（三）学生在学校规定最长学习年限内，重修仍有课程不合格者，不能达到毕业要求的，发给结业证书，不得再申请毕业。

第八节 学业证书管理

第四十条 学校严格按照招生时确定的办学类型和学习形式，以及学生招生录取时填报的个人信息，实际入学与毕业的年份如实填写、颁发学历证书及其他学业证书。

学生在校期间变更姓名、出生日期等证书需填写的个人信息的，应当有合理、充分的理由，按本规定第五条办理。学生要求修改、变更的信息或证明材料涉嫌弄虚作假的不予受理。学生姓名中含有生僻字而无法录入计算机的，学历证书宜用手工书写。

第四十一条 学校只能为取得本校学籍并进行学籍注册的学生颁发并注册一份学历证书。对完成本专业学业同时辅修其他专业并达到该专业辅修要求的学生，辅修专业信息标注在主修学历证书注册信息中，由学校发给辅修专业证书。

第四十二条 对违反国家招生规定取得入学资格或者学籍的，学校应当取消其学籍，不得发给学历证书；已发的学历证书，学校应当依法予以撤销。对以作弊、剽窃、抄袭等学术不端行为或者其他不正当手段获得学历证书的，学校依法予以撤销。被撤销的学历证书已注册的，学校予以注销并报教育行政部门宣布无效。

第四十三条 学历证书遗失或者损坏的，在公开发行、有正式刊号的报纸上登报声明原毕业证书作废后，由本人填写《湖南省普通高等学校普通高等教育毕业生补办毕业证明书登记表》，经学校审核批准后，办理毕业证明书。毕业证明书与原证书具有同等效力，且只能办理一次毕业证明书。

第四章 校园秩序与课外活动

第四十四条 学生应当维护校园正常秩序，保障学校环境安全、稳定，保障学生的正常学习和生活。

第四十五条 学生应当自觉遵守公民道德规范，自觉遵守学校管理制度，创造和维护文明、整洁、优美、安全的学习和生活环境，树立安全风险防范和自我保护意识，保障自身合法权益。

第四十六条　学生不得有酗酒、打架斗殴、赌博、吸毒，传播、复制、贩卖非法书刊和音像制品等违法行为；不得参与非法传销和进行邪教、封建迷信活动；不得从事或者参与有损大学生形象、有悖社会公序良俗的活动。

学校发现学生在校内有违法行为，可以依法移送执法机关。发现学生有严重精神疾病可能对他人造成伤害的，可以移送当地医院。

第四十七条　学校应当坚持教育与宗教相分离原则。任何组织和个人不得在学校进行宗教活动。

第四十八条　学生可以在校内成立、参加学生团体。学生成立团体，应当按学校有关规定提出书面申请，报学校批准并施行登记和年检制度。学生团体应当在宪法、法律、法规和学校管理制度范围内活动，接受学校的领导和管理。学生团体邀请校外组织、人员到校举办讲座等活动，需经学校批准。

第四十九条　学校提倡并支持学生及学生团体开展有益于身心健康、成长成才的学术、科技、艺术、文娱、体育等活动。学生进行课外活动不得影响学校正常的教育教学秩序和生活秩序。

学生参加勤工助学活动应当遵守法律、法规以及学校、用工单位的管理制度，履行勤工助学活动的有关协议。

第五十条　学生举行大型集会、游行、示威等活动，应当按法律程序和有关规定获得批准。

第五十一条　学生应当遵守国家和学校关于网络使用的有关规定，不得登录非法网站和传播非法文字、音频、视频资料等，不得编造或者传播虚假、有害信息；不得攻击、侵入他人计算机和移动通信网络系统。

第五十二条　学生应当遵守学校关于学生住宿管理的规定。鼓励和支持学生通过制定公约，实施自我管理。

第五章　奖励与处分

第五十三条　学校当对在德、智、体、美等方面全面发展或者在思想品德、学业成绩、科技创造、体育竞赛、文艺活动、志愿服务及社会实践等方面表现突出的学生，给予表彰和奖励。

第五十四条　对学生的表彰和奖励可以采取授予"三好学生""先进个人"等称号或者其他荣誉称号、颁发奖学金等多种形式，给予相应的精神鼓励或者物质奖励。

第三章 规章制度

学校对学生予以表彰和奖励,以及确定推荐国家奖学金人选等赋予学生利益的行为,应当建立公开、公平、公正的程序和规定,建立和完善相应的选拔、公示等制度。

第五十五条 对有违反法律法规、本规定以及学校纪律行为的学生,学校应当给予批评教育,并可视情节轻重,给予如下纪律处分:

（一）警告;
（二）严重警告;
（三）记过;
（四）留校察看;
（五）开除学籍。

第五十六条 学生有下列情形之一,学校可以给予开除学籍处分:

（一）违反宪法,反对四项基本原则、破坏安定团结、扰乱社会秩序的;
（二）触犯国家法律,构成刑事犯罪的;
（三）受到治安管理处罚,情节严重、性质恶劣的;
（四）代替他人或者让他人代替自己参加考试、组织作弊、使用通信设备或其他器材作弊、向他人出售考试试题或答案牟取利益,以及其他严重作弊或扰乱考试秩序行为的;
（五）学术论文、公开发表的研究成果存在抄袭、篡改、伪造等学术不端行为,情节严重的,或者代写论文、买卖论文的;
（六）违反本规定和学校规定,严重影响学校教育教学秩序、生活秩序以及公共场所管理秩序的;
（七）侵害其他个人、组织合法权益,造成严重后果的;
（八）屡次违反学校规定受到纪律处分,经教育不改的。

第五十七条 学校对学生作出处分,应当出具处分决定书。处分决定书应当包括下列内容:

（一）学生的基本信息;
（二）作出处分的事实和证据;
（三）处分的种类、依据、期限;
（四）申诉的途径和期限;
（五）其他必要内容。

第五十八条 学校给予学生处分,应当坚持教育与惩戒相结合,与学生违法、违纪行为的性质和过错的严重程度相适应。学校对学生的处分,应当做到证据充分、依据明确、定性准确、程序正当、处分适当。

第五十九条 在对学生作出处分或者其他不利决定之前，学校应当告知学生作出决定的事实、理由及依据，并告知学生享有陈述和申辩的权利，听取学生的陈述和申辩。

处理、处分决定以及处分告知书等，应当直接送达学生本人，学生拒绝签收的，可以以留置方式送达；已离校的，可以采取邮寄方式送达；难于联系的，可以利用学校网站、新闻媒体等以公告方式送达。

第六十条 对学生作出取消入学资格、取消学籍、退学、开除学籍或者其他涉及学生重大利益的处理或者处分决定的，应当提交院长办公会或者院长授权的专门会议研究决定，并应当事先进行合法性审查。

第六十一条 除开除学籍处分以外，给予学生处分一般应当设置6到12个月期限，毕业班可视情况设置为3到6个月。到期按学校规定程序予以解除。解除处分后，学生获得表彰、奖励及其他权益，不再受原处分的影响。

第六十二条 对学生的奖励、处理、处分及解除处分材料，学校应当真实完整地归入学校文书档案和本人档案。

被开除学籍的学生，由学校发给学习证明。学生按学校规定期限离校，档案由学校退回其家庭所在地，户口应当按照国家相关规定迁回原户籍地或者家庭户籍所在地。

第六章　学生申诉

第六十三条 为保障学生的合法权益，学校设立学生申诉处理委员会，负责受理学生对处理或者处分决定不服提起的申诉。申诉委员会由与申诉事项有关的分管领导、部处负责人、学院监察部门负责人和教师、学生代表组成。申诉委员会办公室设在学生工作部。

学生提出申诉的范围是：学生或其代理人对学院作出的涉及本人权益的取消入学资格、退学处理或违规、违纪处分有异议的，可以提出申诉。

第六十四条 学生对学校的处理或者处分决定有异议的，可以在接到学校处理或者处分决定书之日起10日内，向学校学生申诉处理委员会提出书面申诉。

第六十五条 学生申诉处理委员会对学生提出的申诉进行复查，并在接到书面申诉之日起15日内作出复查结论并告知申诉人。情况复杂不能在规定限期内作出结论的，经学校负责人批准，可延长15日。学生申诉处理委员会认为必要的，可以建议学校暂缓执行有关决定。

学生申诉处理委员会经复查，认为作出处理或者处分的事实、依据、程序等存在不当，可以作出建议撤销或变更的复查意见，要求相关职能部门予以研究，重新提交院长办公会或者专门会议作出决定。

第六十六条　学生对复查决定有异议的，在接到学校复查决定书之日起15日内，可以向学校所在地省级教育行政部门提出书面申诉。

第六十七条　自处理、处分或者复查决定书送达之日起，学生在申诉期内未提出申诉的视为放弃申诉，学校或者省级教育行政部门不再受理其提出的申诉。

处理、处分或者复查决定书未告知学生申诉期限的，申诉期限自学生知道或者应当知道处理或者处分决定之日起计算，但最长不得超过6个月。

第六十八条　学生认为学校及其工作人员违反本规定，侵害其合法权益的；或者学校制定的规章制度与法律法规和本规定抵触的，可以向学校所在地省级教育行政部门投诉。

第七章　附　　则

第六十九条　学校对接受高等学历继续教育的学生管理，参照本规定执行。

第七十条　本规定自2017年9月1日起施行。原《湖南电气职业技术学院学生管理规定》同时废止。其他有关文件规定与本规定不一致的，以本规定为准。

三、湖南电气职业技术学院学生违法、违规、违纪处分条例

湖南电气职业技术学院学生违法、违规、违纪处分条例

第一条　为维护我院正常的教学、科研、生活秩序，加强校风建设，严肃校纪，培养有理想、有道德、有文化、有纪律、德智体美全面发展的人才，根据国家教育部颁发的《高等学院学生管理规定》的精神，结合本校实际情况特制定本条例。

第二条　学生违反校纪校规，视情节轻重，分别给予下列纪律处分：警告、严重警告、记过、留校察看、开除学籍。

第三条　留校察看原则上以一年为期，毕业班学生可为半年。受留校察看处分的学生，在察看期内有明显进步表现的，可以解除其留校察看处分；无明显进步表现的，应延长其留校察看时间；经教育不改或在察看期内受警告以上处分错误的，给予开除学籍处分。

第四条　对有反对四项基本原则的言论和行为者，按以下规定处理：

1. 经教育后认错态度好，并有真诚悔改或显著进步者，给予留校察看处分；
2. 经教育后仍坚持自己的错误而不改者，给予开除学籍处分。

第五条　对组织和煽动闹事、罢课、罢考、扰乱社会秩序和教学秩序，违规张贴大/小字报者，按以下规定处理：

1. 情节较轻，能正视错误者，给予记过处分；
2. 情节较重，但经教育后认错较好，并有真诚悔改或显著进步者，给予留校察看处分；
3. 情节较重，经教育后坚持错误者，给予开除学籍处分。

第六条　对损坏公物或他人财物者，按以下规定处理：

1. 过失者，按损坏公物价值予以赔偿；
2. 故意者，视其情节除赔偿外，给予严重警告以上处分；
3. 毕业（结业）等原因离校时，破坏公物或在公共设施上乱涂乱画者，给予严重警告或记过处分，并通知用人单位；情节恶劣者，取消其派遣资格，并将其户口迁回其原籍所在地。

第七条　对偷窃、诈骗、敲诈勒索国家、集体或私人财物者，按以下规定处理：

1. 作案价值在100元下（含本数，下同）者，给予严重警告或记过处分；
2. 作案价值在100~200元或作案两次、价值在100元以下者，给予记过或留校察看处分；
3. 作案价值在200元以上或作案三次以上（含三次）者，给予勒令退学或开除学籍处分；
4. 作案未遂，但经保卫、公安部门确认已作案者，给予警告处分。

第八条　严禁学生在校园内酗酒，违者给予警告处分；屡犯或因酗酒造成不良后果者，给予严重警告或以上处分。凡往楼下扔酒瓶和其他重物者，视情节和后果，给予严重警告或以上处分。

第九条　严禁学生打麻将，一经发现，视其情节，给予严重警告或以上处分。

第十条　禁止学生以任何形式进行赌博，一经发现，视其情节，给予记过或以上处分。虽未直接参与赌博，但在现场观看或为赌博活动提供条件者，给予严重警告或以上处分。

第十一条　对品行不端、道德败坏者，按以下规定处理：

1. 扰乱课堂、考场、会场、学生宿舍区、图书馆、食堂等公共场所秩序者，视情节给予警告或严重警告处分；

2. 在校外犯有损于学院声誉的事，在社会上造成不良影响者，给予警告或严重警告处分；

3. 严禁学生在教室、图书室、实验室、会场等公共场所吸烟、嚼槟榔，违者给予通报批评，不听劝阻或屡教不改者给予警告处分；学生不得只穿背心、内/短裤或拖鞋进入上述公共场所，违者给予警告处分；

4. 校园内男女交往要举止得体；

5. 观看或复制、传播黄色淫秽录像、刊物者，给予记过以上处分直至追究刑事责任；

6. 妨碍他人通信自由者，视情节给予警告以上处分。

第十二条 对打架、斗殴者，除按规定赔偿受害人医疗费、营养费等费用外，按以下规定处理：

1. 肇事者（首先通过各种方式的言行挑起事端、争执、纠纷）：

（1）肇事虽未动手打人，但造成打架后果者，给予警告处分；

（2）肇事并动手打人未伤他人者，给予严重警告处分；

（3）肇事并动手打人致他人轻伤者，给予记过以上处分；造成严重后果者，给予留校察看以上处分。

2. 策划、聚众打架者：策划、聚众打架为首者，给予留校察看处分；胁从者，给予记过处分；造成严重后果者，给予开除学籍处分。

3. 与人打架者（虽不属肇事，但防卫过当），视情节轻重给予警告以上处分。

4. 参与打架或动手打人者：

（1）动手打人未伤他人者，给予严重警告处分；

（2）动手打人致他人轻伤者，给予记过以上处分；

（3）动手打人造成严重后果者，给予留校察看以上处分。

5. 以"劝架"为由庇护一方，促使打架事态发展并造成后果者，给予记过处分。

6. 为打架者提供凶器未造成后果者，给予记过处分。造成一般后果，给予留校察看处分。造成严重后果者，给予开除学籍处分。情节严重者，提交公安机关处理。

7. 同学之间发生矛盾或争执，邀校外人员来殴打对方者，视情节给予留校察看或开除学籍处分。

8. 在打架事件处理过程中，故意为他人做伪证，使调查造成困难者，给予严重警告处分。

9. 一人有两款以上行为者，加重一级处罚。

第十三条 未经宿舍管理部门同意，男生不准进入女生宿舍，女生在规定的午休和晚上就寝时间内不准进入男生宿舍，如有违犯者，第一次给予通报批评，第二次给予警告处分，三次以上给予严重警告或以上处分。

第十四条 学生不得留宿校外人员，一经发现给予警告处分。留宿异性者，给予勒令退学处分。学生在校外租房住宿者（未经学院批准），一经发现，给予留校察看处分。租房留宿异性者给予开除学籍处分。

第十五条 在学院规定晚自习时间内，学生必须按时参加自习，不得出校看电影、跳舞、玩游戏机等，一经查出按每次旷课两学时处理。

第十六条 学生在晚自习时间后外出，在学生公寓熄灯前未归或翻越学院大门、宿舍大门、栏杆的，全校通报批评，屡犯者给予警告以上处分。晚上未在寝室就寝者给予严重警告处分，两次（含两次）以上给予记过以上处分。学生因故晚归、外出实习、节假日回家时，必须事先经班主任同意，报学生工作部批准，并在学生工作部宿管员处登记。

第十七条 在学生宿舍晚上熄灯后，严禁学生点燃蜡烛、违章用电及使用其他明火照明，引起火警除按《宿舍管理条例》处理外，并给予记过以上处分，造成火灾者按《湖南省消防安全管理条例》惩处。

第十八条 学生不得乱泼污水、乱扔杂物，一经发现给予通报批评，屡犯者给予警告处分。在学院规定的工作时间内，自行车必须停放在指定场所，严禁乱停乱放，违纪者，第一次给予通报批评，第二次给予警告处分，屡教不改者，给予严重警告以上处分。

第十九条 学生不得在校内使用气枪，一经发现给予严重警告处分。

第二十条 学生不得无故旷课，如有违犯，根据一学期累计的旷课时数按以下规定处理：

1. 累计达 10~19 学时的，给予通报批评；
2. 累计达 20~29 学时的，给予警告处分；
3. 累计达 30~39 学时的，给予严重警告处分；
4. 累计达 40~49 学时的，给予记过处分；
5. 累计达 50~59 学时的，给予留校察看处分。

第二十一条 有下列情形之一者，加重一级处分：

1. 违纪后拒不承认错误，态度恶劣者；
2. 曾受过处分者；
3. 打架斗殴中，持械打伤人者；
4. 对检举人、证人或执行公务的工作人员辱骂、威胁或报复者。

第二十二条 对考试作弊者，给予留校察看处分，并取消一次补考机会。代考、被代考、协同作弊者及第二次考试作弊者，给予开除学籍处分。

第二十三条 对构成开除学籍处分条件的学生，在作出处理之前经教育后认错态度良好，并有立功表现者，可酌情减为留校察看处分。

第二十四条 对受处分者，附加以下处罚：

1. 凡受处分者，取消该学期奖学金及所有评优、学杂费减免、困难补助等评定资格；

2. 如受处分的学生是党员或团员，建议党团组织给予相应处分。

第二十五条 学生违反国家法规，除由公安部门按有关法律条文处理外，还附以下行政处罚：

1. 被处以治安警告、罚款者，给予严重警告以上处分；

2. 被处以治安拘留者，给予留校察看以上处分；

3. 被处以管制、拘役、徒刑或劳教者，给予开除学籍处分。

第二十六条 凡属本条例未列举的违纪行为，确要给予处罚的，可参照本条例相关条款给予处理。

第二十七条 学生工作部分决定的层次管理和报批程序：

1. 给予学生警告、严重警告、记过处分，由学生工作部审批，经主管领导签发；

2. 给予学生留校察看、开除学籍处分，由学生工作部审核，报请校务会议审议后，由院长签发；

3. 触犯法规的学生，由校保卫处处理，处理结果报送学生工作部备案；

4. 学生在宿舍区发生违纪行为或学生工作部人员查获的学生违纪行为，院学生工作部可依照本条例有关条款直接提出处理意见，报学院研究决定；

5. 考试舞弊由教务处将材料在当天之内转给学生工作部，学生工作部在两天之内按第二十三条规定直接作出处理，处理结果报送教务处备案。

第二十八条 对学生进行处罚应本着惩前毖后、治病救人、实事求是、具体分析、集体讨论、慎重处理的原则，并做好受处分学生的思想教育工作。处理结论要与学生本人见面，学院有责任进行复查。

第二十九条 对学生作出开除学籍的处分允许申诉，由学院审批后报上级主管部门备案，其中因政治问题开除学籍处分的，必须经省教育厅有关部门同意，由省教育厅主管部门审批。学生被开除学籍，其善后工作按学籍管理有关规定处理。

第三十条 凡给学生的处分决定，均以学院名义发文；其处分材料进入学生本人档案和学院文书档案。对受记过（含记过）以下处分的学生，如有真诚悔改，在校期间不再违反校纪校规，并有明显进步，综合测评（德育考核）分排所在班级前 10 名者（班级人数不足 30 人，按排名前 30% 计），在毕业前，经本人申请，所在年级讨论并报学生工作部审核、分管校领导批准后，可撤销对其处分，原处分材料不进入学生本人档案。毕业班学生在最后一学期违纪受处分，不予撤销。

第三十一条 本条例适用于本院在籍学生。

第三十二条 本条例所规定的条款及未尽事宜由学生工作部负责解释。

四、湖南电气职业技术学院宿舍管理规定（试行）

湖南电气职业技术学院学生宿舍管理规定（试行）

第一章 总 则

第一条 为规范学生宿舍管理，营造"安全、卫生、文明、和谐"的学习和生活环境，培养学生优良的品德和良好的作风，保证学生的权益，根据教育部《普通高等学校学生管理规定》《高等学校学生行为准则》等相关规定，结合学校实际情况，特制定本规定。

第二条 湖南电气职业技术学院学生宿舍管理中心代表学校，负责学生宿舍资源的配置与集中管理、切实推进学生思想教育工作进宿舍，统筹协调学生管理、物业管理、安全保卫等相关单位的工作，服务保障学生的学习、生活、安全等需要。

第三条 湖南电气职业技术学院学生宿舍所有权属于湖南电气职业技术学院。学生宿舍管理中心委托相关单位开展物业管理服务，维护学生宿舍正常秩序，保障学生宿舍的正常使用。学生应服从管理，配合学校工作。

第二章 入住与退宿

第四条 国家计划内招生、具有湖南电气职业技术学院学籍的全日制在校学生原则上不允许学生自行在校外租房居住。对家住学校附近（仅限河东地区）或身体不适等特殊原因需要在校外居住的学生，要履行相关备案手续，加强信息沟通，严格教育管理。

第五条 学生宿舍管理中心统一安排学生入住宿舍。

第六条 住宿分配本着学院、年级、班级相对集中的原则进行。

第七条 学生按照学校规定流程办理入住手续后方可入住指定宿舍及床位，

未经学生宿舍管理中心批准不得自行调换。

第八条　学生入校住宿时需交纳公物押金，其中含钥匙工本费。钥匙工本费不予退还，所余押金在学生毕业时，经检查没有损坏宿舍公物，予以退还；如有损坏，按《湖南电气职业技术学院学生宿舍公共物品损坏赔偿办法与标准》赔偿，赔偿之后所余押金予以退还。

第九条　为了确保学生宿舍安全，宿舍每人发放门钥匙一片，各栋宿舍管理室掌握一片。

第十条　学生不准私自换门锁和私自配钥匙，钥匙丢失要速报宿舍管理中心，钥匙在宿舍管理中心指定点配备，并由遗失者付工本费，如不报而导致宿舍失窃，由遗失钥匙者承担全部损失。

第十一条　无特殊情况，宿舍管理室不外借备用钥匙，必须借用管理室钥匙时，要凭本人证件登记，并在宿舍管理员的陪同下使用该钥匙。

第十二条　学生宿舍钥匙学生只能借给本居室的人，非本宿舍同学一律不借。

第十三条　学生宿舍管理中心有权对住宿床位调配。对因未报到、毕业、休学、退学等原因而空出的床位进行调整，其他学生必须服从安排。

第十四条　学生因毕业、休学、退学、出国（境）等原因离开学校，须按照相关流程办理退宿手续，住宿费收缴、退费等按照学校相关文件执行。

第十五条　因特殊情况不能坚持在校住宿的，按学生在外住宿流程办理手续。经所属学院及学生主管部门审批通过后，到学生宿舍管理中心办理退宿手续。

第十六条　学生办理退宿手续后，应在三天内搬离宿舍。因清扫、维修、寝室另作他用等原因而造成的物品损失，学校不承担责任。

第十七条　家具及物品验收合格后，由管理人员在离校通知书上盖章后，方可发给学生报到证或毕业证等。

第三章　住宿管理

第十八条　住宿学生应加强安全防范意识，自觉做好安全防范工作。如发现可疑人员应及时报告工作人员或校保卫处。

第十九条　严禁将宿舍门禁卡转借他人，不得带他人进入宿舍。对尾随跟入的人员，有义务劝止。

第二十条　寝室钥匙不得随意转借他人，严禁私换门锁或另加门锁。

第二十一条　离开寝室时要锁好门、关好窗，妥善保管好自身财物。

第二十二条 学生宿舍实行安全卫生检查制度。学生应保持室内安全卫生，爱护公共区域环境卫生，积极配合学校组织的相关检查。学校每周组织对全校学生寝室的安全卫生检查，相关数据将作为学校优秀班集体、奖学金等评定的依据之一。

第二十三条 非紧急情况下，严禁动用消防设施；严禁在宿舍内私拉乱接电线；严格执行离开寝室时关闭电源和拔掉负载电器电源插头的规定；严禁在寝室内将台灯、接线板、电风扇、充电器等容易造成火灾的电器放置于被褥、蚊帐、纸箱等易燃物品上；严禁躺在床上吸烟或寝室内乱丢烟蒂，严禁宿舍内焚烧物品；严禁宿舍内使用明火；严禁在宿舍内使用和存放腐蚀、有毒、具有放射性的物品；严禁使用三无产品（无质量合格证，无生产日期，无生产厂家）及无自动断电保护装置的电器；严禁寝室内使用或存放蜡烛、煤油炉、酒精炉、液化气炉等易燃易爆物品；严禁宿舍内烧菜、做饭；严禁使用或存放电炊具（电炉、电磁炉、电水壶、热得快、电饭煲、微波炉、榨汁机、豆浆机、煮蛋器、电火锅、电热杯、电冰箱等）；严禁寝室内使用或存放电卷发棒、充电式应急灯、电取暖器、电热毯、电烙铁、电吹风、电熨斗、洗衣机等大功率电器和1 000W及以上的超功率电器设备。

第二十四条 在寝室内使用计算机、相机等电子产品需符合消防安全有关规定，自行配置可靠的电源稳压保护器及电源插座。若出现电压异常波动、断电等情况，学校不承担上述原因可能造成的各种损失。

第二十五条 宿舍作息时间：早上6:30起床，晚上23:00就寝。23:00以后进入宿舍楼的学生视为晚归，需在宿舍值班室处进行登记并写明原因。

第二十六条 住宿学生应自觉遵守宿舍会客制度，配合管理人员的管理。来访客人须在值班室登记，换押有效证件，经被访者允许方可进入。女生宿舍原则上禁止男性入楼。宿舍允许来访时间为8:30—12:30，14:30—21:30。

第二十七条 不得在非来访时间接待他人。若在非来访时间接待他人停留不超过1小时的视为滞留，超过1小时的视为留宿。

第二十八条 学生应爱护公物，正确使用宿舍内的公共服务设施，发现损坏及时报修。严禁私自改变宿舍设施的位置和功能。严禁私自装修，严禁改变、破坏房屋结构和功能。损坏公物应照价赔偿（赔偿标准以财务处、后勤处文件为准）。

第二十九条 严禁占用、转让、出租学生宿舍床位。

第三十条 学生应注意文明礼貌。宿舍内严禁打球、赌博、酗酒、喧闹。

严禁向楼外抛掷物品。严禁在宿舍内饲养动物，严禁携带动物进入宿舍。

第三十一条 未经学生宿舍管理中心批准，不得在宿舍内从事一切经营活动（销售、租赁、修理、文印等），不得在宿舍内进行散发传单、张贴广告、悬挂条幅等宣传行为。

第三十二条 提倡节约用水用电。学生宿舍用水用电实行以寝室为单位的定额指标管理，每间寝室每月额度为30度电，超额部分按照学校相关规定交纳电费。

第三十三条 任何组织和个人不得利用宿舍进行宗教活动。严禁进行非法传销和邪教、封建迷信活动。

第四章　宿舍家具和设施管理

第三十四条 学生宿舍家具和设施由学生宿舍管理中心按照标准统一配备和管理，学生负责使用和保管。

第三十五条 毕业或其他原因离校时，要按家具设施登记卡进行验收，一切齐全后，方可办理离校手续，如有丢失或损坏要照价赔偿。

第三十六条 宿舍家具设施未经同意不准擅自搬动和拆卸。如有丢失和人为损坏，除追究责任外，要照价赔偿。

第五章　奖惩制度

第三十七条 学校积极开展学生宿舍安全文明建设活动，对表现突出的集体和个人予以表彰和奖励。

第三十八条 学生宿舍违规处理的种类分为：

（1）书面警示；

（2）通报批评；

（3）纪律处分。

各学院按照《湖南电气职业技术学院学生违法、违规、违纪处行条例》相关规定严肃处理。

第三十九条 一经发现学生宿舍内的以下违规行为，对当事人以书面形式提出警示并报学院备案；违规行为造成损失的，当事人应予以赔偿。

（1）违规停放车辆（如自行车、电动车、机动车）占用消防通道的；

（2）私自在所在宿舍内调换床位的；

（3）私自将钥匙转借给他人但未造成不良后果的；

（4）无正当理由违反宿舍作息时间，在一月内晚归3次及以上的；

（5）大声喧哗或运动等影响公共秩序和他人学习、休息的；

（6）在非指定地点张贴、散发海报和广告等宣传品的；

（7）对安全造成隐患，尚未造成不良后果的。

第四十条　一经发现学生宿舍内的以下违规行为，将对当事人予以通报批评；违规行为造成损失的，当事人应予以赔偿。

（1）违章使用门禁，将门禁卡私自借与他人使用，或故意放任陌生人进入学生宿舍的；

（2）私自更换门锁或私借钥匙给他人造成不良后果的；

（3）随意动用消防器材的；

（4）存放违章电器的；

（5）私拉乱接电线的；

（6）在工作人员检查时拒绝出示个人身份证明的；

（7）阻挠学校工作人员或学生组织进行内务卫生、安全用电、家具物品、住宿秩序等检查的；

（8）带外来人员长期在学生宿舍内滞留的；

（9）对寝室内公共家具或设施进行违规装饰或改装导致不能恢复原貌的；

（10）有赌博、酗酒、燃放鞭炮等行为的；

（11）饲养和携带宠物的；

（12）有向学生宿舍楼外倒水、投掷物品、吐痰等不文明行为的；

（13）未经批准私自悬挂条幅等各种宣传品的；

（14）从事租赁、修理、销售等经营活动的；

（15）故意帮助小商贩等外来人员藏身，以逃脱检查的；

（16）有其他破坏公共秩序、损坏设备设施或污染环境卫生等行为，尚不足给予纪律处分的。

第四十一条　一学期内受到书面警示二次以上者，在第三次及以后受到书面警示时，将同时给予通报批评；在一学年内三次受到通报批评者将按相关程序报请给予纪律处分。

第五章　附　则

第四十二条　本规定所指学生宿舍是指湖南电气职业技术学院统一安排的各类学生住宿建筑物。

第四十三条　学生宿舍管理中心可根据本规定制定其他相应管理细则（《湖南电气职业技术学院留学生宿舍管理细则》《加强学生宿舍区域非机动车停放管

理的规定》《加强学生宿舍违章电器管理的规定》)。

第四十四条 本规定自 2017 年 6 月 30 日起施行。其他有关规定与本规定不一致的，以本规定为准。

第四十五条 本规定由学生宿舍管理中心负责解释。

第四十六条 安全电话

下摄司派出所报警电话：58595110

消防火警电话：58595119

学院保卫处报警电话：52810291

52810292

学院学生处电话：52810623

学院保安值班电话：52810212（24 小时）

五、湖南电气职业技术学院学生宿舍公共物品损坏赔偿办法与标准

湖南电气职业技术学院学生宿舍公共物品损坏赔偿办法与标准

第一章 总　则

第一条 为减少学院财产损失，规范维修收费标准，杜绝人为损坏公共物品（以下简称公物）的现象，根据《湖南电气职业技术学院学生宿舍保修及维修规范（试行）》的有关规定，特制订本赔偿办法与标准。

第二章 人为损坏公物赔偿办法

第二条 全院师生应当自觉维护和保管好学院公物，确系人为损坏或保管不当的，责任人应照价赔偿，主动承担维修材料及人工费用。如无法具体确定责任人时，应由寝室成员共同赔偿。属自然损坏的家具和电气按宿舍家具维修有关规定执行。

第三条 属人为损坏的公物，相关责任人应当及时报修，并按规定付费赔偿后，方可给予维修；对不主动报修或故意损坏公物的，视情节应给予批评教育直至纪律处分。

第四条 对是否属于人为损坏难以界定的报修项目，学校将成立由学生工作处、学生会、宿舍管理中心、后勤处组成的公物人为损坏认定小组进行认定。对有异议的项目，学生或宿舍管理中心可以报公物人为损坏认定小组认定。

第五条 人为损坏公物的赔偿标准经学校审定后予以全院公布，在各栋宿舍张贴，公务管理单位应当严格执行，做到合理规范收费，及时修理。

第六条 对学生的赔偿收费一律交院财务处。属人为损害的公物，由宿舍管理中心填写三联单（宿舍管理中心、后勤处、财务处各一份），责任人按学院家具赔偿标准到财务处交费后交宿舍管理中心，由宿舍管理中心报后勤处进行维修。财务处应当出具相应的收费凭据，并建立宿舍公物维修收支情况账户以备检查。

第三章 人为损害公物赔偿标准

第七条 学生宿舍人为损坏公物的赔偿标准见附件。

第八条 宿舍公物人为损坏收费标准的执行情况将作为对宿舍管理单位考核的重要标准之一，对在维修过程中乱收费受到学生投诉，经学校调查核实的，视情节每次将扣除管理单位费用 500～2 000 元。

第九条 本规范和办法由校后勤管理处负责解释，自发文之日起实施。

附件：

湖南电气职业技术学院学生宿舍公物人为损坏赔偿标准

（表中所列为单件或单次价，并随当时的市场价格变动而变动）

类别	物品名称及损坏情况	采购价/元	人工费/元	实际赔偿价/元
电气设备	灯管（20W）	5.5～7.5	1	6.5～8.5
	灯管（40W）	6～8	1	7～9
	镇流器	16	2	18
	单管吊链日光灯	30～40	2	32～42
	三位两极插座（250V10A）	7	1	8
	闸刀（30A 以下）	10	2	12
	吸顶灯	35	2	37
	空气开关（DZ47 10A）	30	2	32
	排气扇	35	2	37
	电风扇	50	5	55
	应急灯	60	2	62
	计量表校验无问题收费		20	20
	超负荷用电跳闸线路恢复		1	1

续表

类别	物品名称及损坏情况	采购价/元	人工费/元	实际赔偿价/元
	空调遥控器	10~15		15~20
卫生设备	水龙头（高脚）	26	2	28
	水龙头（普通）	6~8	2	8~10
	白瓷洗涤盆	30	5	35
	阀门	15	2	17
	蹲式大便器	30	10	40
	水表	30	5	35
	便器下水道疏通		50	50
	地漏下水道疏通		50	50
	卫生间瓷砖（152mm×152mm）	2	5	7
	大便冲水阀	45	5	50
	小便冲水阀	35	5	40
	洗脸台板	按实际价格	50	按实际价格+50
房屋设施	进户防盗门	480	60	540
	硬木门框、扇料	按实际价格	20	按实际价格
	门锁，防盗门	65~120	10	75~130
	挂锁	5		5
	钥匙	2		2
	小五金：插销、合页	10	2	12
	铝合金窗页、执手	按实际价格/6	2	按实际价格/8
	塑钢窗页、执手	按实际价格/6	2	按实际价格/8
	纱窗框断裂	按实际价格	5	按实际价格
	瓷质地砖（300mm×300mm）	2~3	5	7~8
	墙壁损坏	15元/平方米	10元/平方米	15元/平方米
	污染墙壁	10元/平方米	5元/平方米	15元/平方米
	门、窗、家具油漆	10元/平方米	10元/平方米	20元/平方米
	厕所门（三夹板）/锁	80/20	5~20	100/25
	厕所门（铝塑板）	30	100	400

续表

类别	物品名称及损坏情况	采购价/元	人工费/元	实际赔偿价/元
家具配备	床：双层铁架床踏脚	按实际价格	5	按实际价格+5
	上层铁架床护栏	按实际价格	15	按实际价格+15
	床板断裂	按实际价格	30	按实际价格+30
	床板断裂	按实际价格	5	按实际价格+5
	桌面版	按实际价格		
	柜门板损坏	按实际价格		
	电脑抽屉板	20	2	22
	走条（副）	8	2	10
	柜门活页	6	5	11
	柜门锁	6	2	8
	靠椅	50		50
	组合家具套	按实际价格	50	按实际价格+50
玻璃	3mm	15元/平方米	2	17元/平方米
	4mm	20元/平方米	3	23元/平方米
	5mm	30元/平方米	4	34元/平方米
	8mm	55元/平方米	5	60元/平方米
	10mm	68元/平方米	6	74元/平方米

公物请修单式样：

湖南电气职院　　　　　　　　　　　　　　　　　　　　NO 00001 一式三份

公务损坏交款维修通知单
年　月　日

宿舍（栋）	房号	姓名（班级）	公物品名	规格型号	数量	单价/元	金额

经办人　　　　　　　　　　　　　　　　　　　　　　　　　　财务章

一联：存根　　二联：财务　　三联：维修单位

2011年5月12日

六、湖南电气职业技术学院走读学生管理办法

湖南电气职业技术学院走读学生管理办法

为了确保学生有一个稳定的学习环境，学院要求学生在校学习期间应住校，但家住湘潭城区、情况特殊的学生可申请走读。为规范对走读学生的管理，特制定本办法。

（一）走读手续的办理。

学生本人提出书面申请，填写走读生登记表，家长、班主任及学生工作部负责人签署意见，由主管学生工作的院长签字同意后，方可办理走读，并由各系部、学生工作部宿舍管理中心备案。

（二）管理办法。

学生应在每学期开学报到时办理走读手续，走读时限以学期为单位，学院不予受理阶段性走读。

走读学生可不上早操和早晚自习，在校时必须严格遵守各项校规校纪，遵守作息时间，不迟到、不早退、不旷课。否则按相关学生管理规定处理。

走读生正常在校学习时间内，学院负责管理和教育，其他时间均由学生家长自行管理教育。

走读生在校学习期间必须参加学院及班级统一组织的活动，否则按学院有关规定处理。

走读生办理走读手续后，不得留宿于学生寝室。一经发现，视为违纪并按寝室管理相关规定处理。

（三）本办法适用于所有在校学生，由学生工作部负责解释。

七、诚信银行制度管理办法（修订）

湖南电气职业技术学院学生诚信银行管理办法（修订）

为了全面贯彻落实党的教育方针，深入贯彻落实《中共中央国务院关于进一步加强和改进大学生思想政治教育的意见》《高等学校学生行为准则》《中共中央国务院关于进一步深化教育改革全面推进素质教育的决定》《普通高等学校学生管理规定（教育部修订版）》等文件的精神，全面推行素质教育，以培养社会急需的高素质技能型人才为目标，努力实践"以人为本，立德树人"的办学理念，不断探索开展诚信教育的新途径、新方法，养成和强化学生的诚信意识，

提高学生综合素质，为社会培养有用人才，结合我院实际情况，制定本办法。

一、工作目标

培育诚信学子，树立诚信院风，建立诚信校园。

二、运行机制

诚信银行实行以辅导员为实施主体，任课教师密切配合，其他教职员工、学生党员、学生干部、学生入党积极分子共同参与的全员管理机制。

全院教职员工都有责任对优秀学生给予表扬，对犯错误的学生给予批评教育，同时向学生辅导员提供"学生信息跟踪反馈单"反映学生的行为表现情况。对于出具"学生信息跟踪反馈单"较多的员工诚信银行将视实际情况予以表彰。

学生辅导员根据教职工反映学生行为的实际情况，根据学院诚信银行存扣分标准实施诚信分数的存扣。

学生党员、学生干部、学生入党积极分子应率先垂范，以身作则，同时做好在同学中的宣传、教育和监督工作。

三、操作流程

1. 学生诚信积分的记录办法

（1）学生诚信积分存、扣情况由辅导员在学生个人信息电子档案中及时进行记录。

（2）学生诚信银行监督机制。

建立网上公示制度，每位同学都可通过授权码在校园网中查询个人的诚信档案资料。同时，学生每次诚信积分存、扣情况辅导员必须及时告知学生本人。

四、评价实施办法

（1）入学初，学生在签订诚信承诺书后即可获得每学年600分的基本诚信积分。诚信银行参照国家和学院的有关规定相应制订诚信积分的存、扣办法，根据学生在校期间的各项表现由各辅导员老师进行诚信积分的存、扣，每学年结束时进行总评。

（2）根据学生的诚信积分情况，每学年学院确认学生诚信等级，并作为学生年度评优、评先的重要依据。

A级：（900分以上，且没有任何不良记录）优秀。

B级：（750～899分）良好。

C级：（600～749分）一般。

D级：（600分以下）不及格。

（3）根据学生的诚信积分情况，学院在学生毕业前颁发学生信用等级证书，等级分类如下：

AAA 级：诚信积分总分达到 2 700 分以上，且没有任何不良记录。
AA 级：诚信积分总分为 2 250～2 699 分。
A 级：诚信积分总分在 1 800～2 250 分以上。
（4）学生诚信银行存、扣分依据：
《高等学校学生行为准则》《湖南电气职业技术学院学生手册》等。

六、诚信积分的使用

（1）凡诚信等级达到 A 级的学生方有参与评选三好学生标兵、三好学生、优秀学生干部标兵等校级及其以上级别奖项的资格。

（2）学生诚信积分将如实记录于本人在诚信银行的诚信档案中，在择业时供用人单位参考。同等条件下，诚信等级高的学生将优先获得就业推荐机会。

（3）诚信等级为 C 级及以下的学生不得参加各级各类评优活动。

（4）诚信等级为 D 级的学生比例达到或超过 10% 的班级将取消参评当年度的院级优秀班集体、院级优秀团支部等各类优秀集体的评选资格。

（5）诚信等级为 B 级以上的同学，才有被列为入党积极分子和获得参加院业余党校学习的资格。

（6）诚信积分三年总额低于 1 800 分者，将被视为思想品行不达标，不予毕业。

七、本办法自颁布之日起执行，由学生工作部（处）负责解释

学生工作部（处）

2015 年修订

八、湖南电气职业技术学院学生思想品德测评细则

湖南电气职业技术学院学生思想品德测评细则

第一章　总　　则

（一）学生操行测评的内容包括学生个人思想政治素质、品德修养、遵纪守法、治学情况、活动能力等方面的测评，每月汇总一次，由班主任组织班委测评打分。

（二）学生个人操行测评基本分为 80 分，在此基础上，根据情况采取加分和扣分的办法计算操行测评分。操行测评成绩按四级记分制记录（优：90 分以上；良：75～89 分；及格：60～74 分；不及格：60 分以下）。学生个人操行测

评基本分是学生参加评优、奖学金评定、毕业推荐就业以及升学的主要依据。

（三）本细则各项加减分是一个基本原则，各班可依据本班实际情况增减项目，但加分程序不得超出此细则规定。

（四）凡受到学院通报批评者，当月操行测评扣20分。凡受警告、严重警告、记过、留校察看者，当月测评分分别扣50分，55分，60分，65分，在撤销处分之前不能享受奖学金。

（五）学生违反政治纪律、法律、校规校纪受到处分者，操行测评按总则第四条扣分。

（六）学生在校期间有三个学期操行测评不及格者不予正常毕业。

第二章 细 则

（一）加分项目及标准。

1. "三好学生""优秀学生干部""校园十佳"称号获得者当月加5分，获得市级荣誉者当月加10分，省级荣誉者当月加15分，国家级荣誉者当月加25分。

2. 在学院或年级组织的各项活动中，团体或个人获得前三名者，每人加3分；在校际各项竞赛中争得荣誉者，当月加5分。

3. 积极投稿见报者，校内刊物每稿加2分，市级以上刊物每稿加5分；积极投稿未发表者加0.5分。

4. 每月各项评比排名年级前三名的班级，主管班干部加3分，每月评比年级优胜班级的班长加5分。

5. 工作责任心强，对上级交给的任务完成出色的学生会干部、团委委员、系学生会干部和团支部委员酌情加1~5分（由学工处、团委提出），班团干部由班主任酌情加1~3分。

6. 当月全勤者加2分（无任何病、事假，无迟到、早退、无故不参加集体活动者）。

7. 积极参加各种公益劳动，酌情加0.5~1分。当月被评为文明寝室的寝室长加3分，寝室成员加2分。

8. 各项好人好事酌情加0.5~1分。受到学校表扬的个人酌情加2~4分，见义勇为、检举揭发不良倾向、同坏人坏事作斗争者当月每人次加5分。

9. 平时学习刻苦认真，成绩优异，阶段以上单科成绩为80~84分加1分，85~89分加3分，90分以上加5分。

10. 参加高教自考每通过一门当月加5分。

11. 积极加强学生科协活动，每完成一项成果加 10 分。

12. 测评复核时班主任掌握 10 分，班长掌握 5 分，视学生表现情况酌情打分。

（二）减分项目及标准。

1. 穿背心、拖鞋进入教学楼、实验楼、图书馆、实习场地等公共场所，每人次扣 2 分。

2. 在教室、寝室或公共场所起哄，拍桌喝倒彩，敲铁桶、脸盆、饭盆等制造噪声者，每人次扣 5 分。

3. 在规定不准踢球的区域踢球者每人次扣 2 分。

4. 吵架、骂人者，故意刁难学生干部工作者，不尊敬教职员工者，每人次扣 5 分。

5. 故意损坏公物，除赔偿外视情节轻重酌情扣 5~20 分。

6. 乱撕布告，乱涂抹通知、板报者，每人次扣 5 分。

7. 在教室、寝室、公共场所乱扔纸屑、果皮和其他杂物，乱吐痰，乱泼水者，除按校园文明执纪队规定执行外，视情节扣 3 分。

8. 晚自习必须在教室、寝室、图书馆阅览室、机房等场所进行，不得在其他地方，违者每人次扣 3 分。

9. 平时学习不认真，成绩差者，阶段以上测验不及格者，每门次扣 1 分，学期总评成绩不及格者每门次扣 5 分。

10. 无故不完成班上交给的各项任务者一次扣 5 分。

11. 旷课（含自习、实习、劳动、实验及各种集会）者，每节扣 5 分。

12. 上课（含自习、实习、劳动、实验及各种集会）迟到、早退一次扣 1 分。

13. 病假每次扣 1 分（住院除外），事假每次扣 2 分（以学工处批准的假条为准，特殊事假除外）。

14. 不遵守寝室纪律，吵闹以影响他人休息者一次扣 3 分；熄灯后往楼下扔杂物者一次扣 10 分，并参照总则第四条执行。

15. 在学生公寓私自留宿他人者，每人次扣 20 分。

16. 无故不参加各种公益劳动者（卫生值日不到位者），一次扣 5 分；宿舍卫生低于 9.5 分（不含 9.5 分）每少 0.1 分扣责任者 1 分。

17. 宿舍月评中被认定为最差寝室的全体成员每人扣 10 分。

18. 班级各类报表有隐瞒、虚假行为的扣责任人 5 分，并取消有关干部的年度评先资格。

19. 学生干部工作例会无故不参加者，除扣班级考核分外，学生干部本人扣测评分5分。学生干部工作例会迟到、早退者，除扣班级考核分外，学生干部本人扣测评分2分。

20. 在各种文体竞赛中不尊重、不服从裁判的每人次扣3分，起哄制造事端的扣责任人10分，不服从仲裁随意弃权的扣主要干部5分。

21. 系学生会月度评比竞赛不及格班级，扣班长5分；各部考核不及格扣对应班干部3分；妨碍学生工作部、学生会进行检查评比的视情节扣5~10分。

第三章 附 则

学生操行测评是一项严肃认真的工作。各班班委必须本着实事求是的原则认真考核，经班主任审核后于次月2日上报系学办，由系党总支书记进行复核后，于每月6日由各班公布测评结果。对于连续两月不及格者，将取消当年奖学金和助学金的评选资格。

九、湖南电气职业技术学院关于推荐优秀团员作为党的发展对象工作的实施办法

湖南电气职业技术学院关于推荐优秀团员作为党的发展对象工作的实施办法

第一章 总 则

第一条 为进一步做好在团员中发展党员的工作，根据中央组织部、共青团中央委员会《关于进一步做好推荐优秀团员作为党的发展对象工作的意见》精神，结合我校实际情况，特制定本办法。

第二条 中国共产主义青年团是中国共产党领导的先进青年群众组织，是中国共产党的助手和后备军，推荐优秀团员作为党的发展对象是党赋予共青团的一项光荣任务。

第三条 推荐优秀团员作为党的发展对象工作（以下简称"推优"工作），要以习近平总书记关于党的建设的新思想和重要论述为指导，坚持党的基本路线，努力把优秀团员吸收到党组织中来，充实党的力量，加强党员队伍建设，进一步激发广大团员青年的政治热情，增强共青团组织的吸引力和凝聚力。

第四条 学院成立"推优"工作领导小组，指导各级团组织开展"推优"工作，院党委组织部部长任领导小组组长，院团委书记任副组长，各系党总支

书记为组员。

第五条 在院团员入党，原则上应经过团组织推荐。"推优"是大学生党员发展工作的主渠道，是优秀团员成为大学生党员的主要来源。

第二章 推荐对象和条件

第六条 团组织向党组织"推优"，要坚持党章规定的党员基本条件，准确理解和掌握党员标准的时代特征，真正把团员中的优秀分子推荐给党组织，既要防止求全责备，也要避免放松要求。

第七条 "推优"对象为湖南电气职业技术学院全体团员青年。

第八条 "推优"条件有以下几点：

1. 拥护党的纲领，遵守党的章程，熟悉党的基本理论知识，认真贯彻执行党的路线、方针、政策；

2. 年满18周岁的团员，思想进步，志愿加入中国共产党，已向党组织递交入党申请书，参加党校学习培训并取得结业证书；

3. 自觉遵守国家法律法规、学院规章制度和团的纪律，执行团的决议。积极参加团组织的各项活动，自觉履行团员义务，发挥团员的先锋模范作用，群众基础好；

4. 有全心全意为人民服务的自觉意识，责任心较强，甘于奉献；

5. 学习目的明确，态度端正，成绩优良。

第九条 凡属于下列情况者，可以优先推荐：

1. 获国家、省（市）级表扬的先进个人；

2. 获学院三好学生标兵、创新十佳、文艺十佳、宣传十佳、体育十佳、优秀学生干部、优秀团干部、优秀团员等荣誉称号的先进个人；

3. 在各级（全国、全省）大学生课外学术科技作品竞赛、大学生创业计划大赛等科技创新活动中取得优秀成绩的先进个人；

4. 获国家、省（市）、学院和二级学院级表彰的各类先进集体的主要骨干及在其中起主要作用的团员；

5. 在见义勇为、助人为乐、奉献爱心等某一方面表现突出的团员。

第十条 凡在校期间曾受过学院各级各类处分者，至少一年内不予"推优"。凡被确定为"推优"对象后受到学院通报批评和处分者，取消"推优"资格。

第三章 推荐程序

第十一条 "推优"工作一般每学期进行一次。团支部根据"推优"条件，拟定符合"推优"条件的团员名单。

第十二条 团支部召开团员大会,团员大会到会人数应超过本支部实有团员总数2/3方可召开。全体团员对符合"推优"条件的团员进行民主评议。民主评议按以下程序进行:

1. 支部委员会介绍申请入党的团员情况;

2. 申请入党的团员进行个人总结;

3. 与会团员对申请入党的团员进行民主评议并进行无记名投票,票数超过到会团员半数以上者,确定为"推优"候选人。

第十三条 团支部要写出"推优"候选人的推荐意见,报院团总支审定。系团总支根据本年度发展计划确定"推优"对象名单,并签署意见报送院团委备案,同时认真组织好《湖南电气职业技术学院"推优"对象登记表》的填写工作。

第十四条 "推优"意见在一年内有效。"推优"对象一年内没有被发展为中共党员的,应重新推荐。

第十五条 从外单位转入我院的团员,原单位团组织已作为"推优"对象的,推荐意见在一年内有效;超过一年的仍应与其他团员一起参加"推优"。

第十六条 党组织要特别重视学生干部的入党问题,对团组织推荐的优秀学生干部要重点培养、教育。团的各级组织也要逐级负责,加强对基层学生干部的培养和推荐工作。

第四章 "推优"工作的要求

第十七条 党组织要把团组织"推优"入党工作作为发展党员的重要环节。

第十八条 团组织应在党组织的领导下发挥团组织的助手作用,把推优工作纳入团的组织建设之中,并作为评价团组织工作的一项重要内容。

第十九条 党团组织可以通过团校、党校等,开展主题教育活动,为要求入党的积极分子创造学习和进步的机会;同时,进一步落实对"推优"对象的培养教育措施,经常了解他们的思想、学习、工作和生活情况,及时进行帮助教育,促进其成长和提高。

第二十条 院团委要加强对"推优"工作的指导和监督,积极帮助基层团组织解决在"推优"工作中遇到的困难和问题;对弄虚作假、违反规定操作的,视情节追究有关人员的责任;每年对"推优"工作进行一次检查,总结经验,抓好落实,促进"推优"工作的健康发展。

第二十一条 党团组织应协调一致,互相反馈信息,保证"推优"工作顺利进行，避免片面性、随意性，防止走过场和形式主义。

第二十二条 团支部可以根据工作安排，结合优秀团员、优秀团干的评选工作进行"推优"工作。

第二十三条 团组织向党组织的推荐意见必须以书面形式提交，其内容包括：

1. 被推荐人的申请书和申请材料；
2. 团支部民主评议会的原始记录；
3. 民主评议情况总结；
4. 团支部的推荐意见。

第五章 附 则

第二十四条 本办法自 2010 年 9 月 1 日起施行，过去有关规定与本办法不符者，以本办法为准。

第二十五条 本办法由院团委负责解释。

十、湖南电气职业技术学院勤工助学管理办法（修订）

湖南电气职业技术学院勤工助学管理办法（修订）

为规范管理我校学生勤工助学工作，依据教育部、财政部《高等学校勤工助学管理办法》文件精神，促进我校勤工助学活动健康、有序开展，培养学生自立、自强精神，增强学生社会实践能力，帮助学生顺利完成学业，并结合我校实际情况，制定本办法。

第一章 指导思想

第一条 勤工助学活动是指学生在学校的组织下利用课余时间，通过劳动取得合法报酬，用于改善学习和生活条件的社会实践活动。勤工助学是学校学生资助工作的重要组成部分，是提高学生综合素质和资助家庭经济困难学生的有效途径。

第二条 我校勤工助学活动必须坚持"立足校园、服务学生、提高能力、回报社会"的宗旨，按照学有余力、自愿申请、信息公开、扶困为主、竞争上岗、遵纪守法的原则，在不影响正常教学秩序和学生正常学习生活的前提下有组织地开展。不许组织、安排大学生参加有害身心健康的工作。

第三条 勤工助学作为学校资助体系的重要组成部分，在实现其资助家庭经济困难学生的同时应兼顾学生的思想政治教育，帮助他们树立自强、自信、自立的品质，培养学生正确的劳动观，提高学生综合素质，培养学生感恩意识、树立学生回报社会的思想的有效手段。

第二章 机构及职责

第四条 学生工作部负责对学校勤工助学活动的统一组织和管理，审核并确定校内勤工助学岗位，制定相关管理规范，引导和组织学生积极参加勤工助学活动，指导和监督各用工单位勤工助学活动的开展情况，并负责每月工资发放。

第五条 设立勤工助学岗位的各用工单位负责向学校申请助学岗位，组织、安排学生勤工助学活动，对学生的工作情况予以监督、考核，并负责工资上报。

第六条 任何单位或个人未经学生工作部同意，不得聘用在校学生从事勤工助学活动，未经批准而私自聘用学生从事勤工助学活动的单位或个人学校将不予资金支持。未经批准的学生私自在校外从事的勤工助学活动，不在本办法规定之列。

第七条 学校及用工单位应组织学生开展必要的勤工助学岗前培训和安全教育，提高学生的社会适应能力，增强学生的安全意识，维护勤工助学学生的合法权益。

第三章 资金使用及管理

第八条 勤工助学经费由学校根据原国家教委和财政部的有关文件精神由学校财务处按年度划拨学生勤工助学专项经费，勤工助学专项经费主要用于学生参加校内非经营性部门勤工助学活动的报酬开支，由学生工作部统一管理、支配，专款专用。

第九条 学生参与校内非营利性单位的勤工助学活动，其劳动报酬由学生工作部从学校勤工助学专项经费中支付；学生参与校内盈利性单位或有专门经费项目的勤工助学活动，其劳动报酬由用工单位支付或从项目经费中开支；学生参加校外勤工助学活动，其劳动报酬由校外用工单位按协议支付。

第四章 校内勤工助学岗位的设立

第十条 校内勤工助学岗位应立足我校现有资源，根据本单位实际工作需要，在不影响学生正常学习生活的情况下，设立适于学生从事的勤工助学岗位。不得组织学生参加有毒、有害和危险性的生产作业以及超过学生身体承受能力、有碍学生健康的劳动。

第十一条　校内勤工助学岗位设置应以校内教学助理、实习实训助理、行政管理助理和后勤服务等为主。

第十二条　设置的岗位数量既要满足学生的工时需求，又要保证学生不因参加勤工助学而影响学习。学生参加勤工助学的时间原则上每周不超过 8 小时，每月不超过 40 小时，不低于 20 小时。

第十三条　岗位类型：勤工助学岗位分固定岗位和临时岗位。

（一）固定岗位是指持续 1 个学期以上的长期性岗位和寒暑假期间的连续性岗位。

（二）临时岗位是指不具有长期性，通过 1 次或几次勤工助学活动即完成任务的工作岗位。

第五章　岗位薪酬标准

第十四条　依据设岗总数、工作工时，按月结算。一般标准如下：

1. 相对固定岗：按月计酬，视工作任务和质量，12 元/时，每人每月不超过 40 工时；

2. 临时工作岗：视工作任务的轻重和工作质量要求，按次或单项工作量计，每人 12～15 元/时。

3. 连续 7 天以上参加同一项目勤工助学工作以固定岗位标准计酬。

第六章　参与勤工助学活动学生的基本条件

第十五条　参与勤工助学活动的学生应遵守国家法律、法规和学校各项规章制度，道德品质良好。

第十六条　参与勤工助学活动的学生应具有较强的责任心，工作认真负责，能认真履行岗位职责。学习刻苦、努力、成绩合格、学有余力。

第十七条　参与勤工助学活动的学生必须为我校在读家庭经济困难学生。因家庭出现重大变故而出现严重困难的家庭济困难学生，学校将视其情况优先安排勤工助学岗位以解决其困难。

第十八条　参与勤工助学活动的学生如出现以下情况之一将取消其参与勤工助学活动的资格：

（一）日常生活铺张浪费者；

（二）违反学校规章制度、受到纪律处分者；

（三）不服从学校勤工助学岗位安排者；

（四）不遵守劳动纪律，用工单位反映表现较差者；

（五）因身体原因及其他原因而不适合参与勤工助学岗位者。

第七章　勤工助学活动的日常管理

第十九条　各用工单位所设立勤工助学岗位应在每学年开学半个月内向学生工作部上交书面申请（《湖南电气职业技术学院用工单位申报勤工助学岗位表》），说明岗位类型、岗位名称和数量、岗位职责及用工时间，经审批后，用工单位方可招聘学生，并将录用学生名单报学生工作部。

第二十条　各用工单位负责对参加勤工助学学生的管理和考核，学生工作部根据用工单位考核情况，核定或签发工资表。

第二十一条　学生工作部对全校勤工助学活动的资料加以统计及管理，对用工单位勤工助学工作的使用情况及学生的工作情况予以监督。

第二十二条　本《办法》由学生工作部组织实施并负责解释。

第二十三条　本《办法》自发布之时起执行。

第二十四条　《湖南电气职业技术学院学生奖、助学金管理系列办法》（电气职院发〔2020〕17号）中的《湖南电气职业技术学院勤工助学管理办法》废除。

十一、湖南电气职业技术学院学生校外实习管理制度

湖南电气职业技术学院学生校外实习管理制度

（一）学生校外实习前，首先必须参加"三级安全教育"的学习，然后参加安全规章考试，考试不及格者，不能参加校外实习。

（二）实习学生必须遵守学校与实习单位的规章制度，遵守实习单位的保密制度，不得泄露实习单位的技术与商业机密，要维护实习单位的一切利益。

（三）实习学生每天实习前，必须按安全规程穿好工作服，戴好安全帽。不准进入设备警戒线内，确保人身安全。

（四）实习学生必须按实习单位的时间上下班。如有特殊情况需要请假者，两天之内由实习老师批准，三天及以上由班主任或辅导员、学校领导批准，并报实习小组组长登记，否则按旷工处理。旷工三天以上，或累计达七天者，实习成绩评为零分。

（五）实习学生进出实习单位必须出示入厂实习证。按时进入指定工作岗位，服从师傅及指导老师安排，认真听取指导。不得擅自离开岗位，不准串岗，

（六）实习学生必须严格遵守安全操作规程，爱护设备，不准任意启停设备，不准乱动设备。如发现设备有故障或异常现象，应立即报告值班领导和师傅。不准乱动用厂方物品，不得将厂方物品私自带走。

（七）因严重违纪或工作懒散等原因，被实习单位拒绝实习，学校将不再安排新的实习单位，并将作出相应的纪律处分，实习成绩以零分计。

（八）学习学生在实习期间对实习单位有意见应及时与指导老师联系，由指导老师负责协商，实习生不得直接与实习单位发生冲突，若无理取闹，将对其作出相应的处分。实习学生要爱岗敬业，积极主动钻研实习中的有关问题，按时按要求完成各项实习内容。在师傅与指导老师的帮助下，做到思想上有提高，技术上有进步，圆满完成实习任务。返校后，按要求提交实习鉴定与实习报告，并交还进厂实习证。

十二、湖南电气职业技术学院毕业生就业管理暂行规定

湖南电气职业技术学院毕业生就业管理暂行规定

第一条 根据国家关于高等职业教育毕业生就业的方针政策和湖南省有关文件精神，为积极适应经济建设和社会发展对我校毕业生的需求，规范毕业生就业行为，保持良好的就业秩序，保护毕业生、用人单位和学院的合法权益，根据《高等教育法》及其他有关法律法规，制定本规定。

第二条 毕业生就业应在国家就业方针政策指导下，实行"市场导向，政府调控，学院推荐，毕业生与用人单位双向选择"的机制，有组织、有步骤地进行。

第三条 学院就业工作实行政策和方法公开，招聘信息公开，择优推荐公开。毕业生择业应遵循公平、自愿和诚实守信的原则。

第四条 招生就业处在学院招生就业信息网公布招聘信息，要求应聘的学生到辅导员老师处报名，系部负责参加面试学生的资格审查，招生就业处按照系部提供的应聘学生名单统一组织面试。录用学生按照学院相关规定办好离校手续后方能离校（详见毕业生择业手续办理程序）。

第五条 毕业生在就业安置期间，必须积极主动地与学院配合工作，完善毕业前的相关手续，如实填写《就业推荐表》，在自主自愿的前提下，凭《就业推荐表》参加学院组织的面试。

第六条 学生参加用人单位面试期间，必须穿着得体，举止文明礼貌，主

动大方地配合学院和用人单位的面试工作。

第七条 学生在用人单位试用期间，如与单位或相关人员发生矛盾，应及时通知学院或有关中介机构，由学院或中介机构出面协商解决。

第八条 学生在自主自愿的前提下经学院择优推荐到用人单位。学生在用人单位工作期间，应遵纪守法，遵守用人单位的各项规章制度。

第九条 学院鼓励自主择业。自主择业的学生必须将单位接收函交到招生就业处，然后按学院相关规定办理离校手续（详见毕业生择业手续办理程序）。

第十条 学生在校期间被评为"优秀班干部""优秀团员""三好学生"或表现突出的，学院将优先推荐就业。

第十一条 学院在就业安置工作中，遇以下情况之一的，学院不予推荐；给学院和用人单位造成严重影响者将视情节给予纪律处分。

1. 学生实习就业时，根据学院教学大纲规定的毕业考核、操行总评和学籍管理规定，由学院有关部门提供的结业生和保留违纪处分者；

2. 按照"供需见面、双向选择"的原则，学生在自主自愿的前提下经学院推荐、面试合格被用人单位录用后又自动放弃者；

3. 在学院规定的就业安置期间，长期无故不到学院，不参加就业安置和推荐者；

4. 经学院推荐就业，试用期间违反用人单位规章制度被辞退并给学院造成不良影响者；

5. 自愿自谋职业、就业单位者；

6. 不服从学院推荐者；

7. 在就业安置过程中，未经招生就业处同意，不得擅自调换工作单位，否则将推迟毕业。

第十二条 在执行本暂行规定过程中，若与教育部和湖南省教育厅下达的有关文件规定矛盾时，应以上级下达的政策和规定为准。

本规定自 2007 年 9 月 1 日起执行。

十三、湖南电气职业技术学院毕业生就业工作暂行办法

湖南电气职业技术学院毕业生就业工作暂行办法

第一章 总 则

第一条 毕业生就业工作是学院学生工作的重要内容，根据教育部《普通

第三章 规章制度

高等学院毕业生就业工作暂行规定》及其他相关学生管理制度制定本办法。

第二条 学院坚持"市场导向，学院推荐，学生和用人单位双向选择"的就业政策。

第三条 毕业生自主择业期为2年，从毕业当年7月1日始至第三年6月30日止。

第四条 学院加强对毕业生的就业教育、管理和服务工作。积极开拓就业市场。

第二章 毕业生就业教育指导

第五条 加强毕业生就业教育指导，帮助毕业生了解国家就业方针、政策，树立正确的就业观念，促进毕业生顺利就业。

第六条 就业教育指导的主要内容包括：宣传就业政策，引导毕业生树立正确的人生观、价值观和择业观；分析就业形势，帮助毕业生掌握科学有效的择业技巧。

第七条 就业教育指导的方式主要有：开设就业指导课（公共必修课，记成绩），举办就业指导报告、讲座，提供就业咨询，设立就业教育指导宣传橱窗，统一征订就业指导教育教材。

第八条 成立就业教育指导机构，负责协调全院的就业教育指导工作。

第三章 毕业生资格审查

第九条 学院招生就业指导处负责整理和报送毕业生生源信息。各班要在指定时间内统计毕业生生源、预审毕业生资格、统计毕业生就业去向。

第十条 毕业生资格审查要求毕业生基本情况应与当年招生审批表记载一致，其主要内容为毕业生姓名、性别、生源所在地等。

第十一条 对中途专业变动的学生，由教务处、学生工作部负责对学籍变动的毕业生出具学籍变动书面原始证明材料，其中转学的毕业生材料应包含当年招生审批表原件和教育厅批准的转学审批表原件。

第四章 就业协议书发放与管理

第十二条 《全国普通高等学院毕业生就业协议书》（以下简称《就业协议书》）是毕业生签约就业、办理《全国普通高等学院本专科毕业生就业报到证》（以下简称《就业报到证》）的重要依据。

第十三条 《就业协议书》由学院招生就业指导处从省毕业生就业主管部门

统一购买。

第十四条 《就业协议书》一般由毕业班班主任在指定时间统一领取后发放。《就业协议书》全省统一编号，一套一式三份，每位毕业生只能领取一套。毕业生应妥善保管和使用《就业协议书》，不许转让他人使用。

第十五条 《毕业生推荐表》由学院统一印制，加盖学院招生就业指导中心公章，同《就业协议书》一并发放。

第十六条 毕业生《就业协议书》遗失需要补发的，由学生本人书面申请，班主任审查，在省级以上媒体声明遗失；一个月之后，大学生就业指导中心根据情况研究后给予办理补发手续。如发现弄虚作假的，在校生将给予警告以上处分。

第五章 毕业生就业手续办理

第十七条 毕业生、用人单位、学院在签订《就业协议书》时要严格执行国家关于毕业生就业的方针、政策。

第十八条 《就业协议书》由学院盖章，毕业生和用人单位签字、盖章后生效。毕业生和用人单位如有其他约定，经协商一致后在备注栏注明，视为协议书的有效部分。已经签订的《就业协议书》应在两周内上交招生就业指导处。

第十九条 毕业生在择业期内联系到就业单位，符合政策规定、手续完备的，由学院招生就业指导处凭《就业协议书》统一到省毕业生就业主管部门办理《就业报到证》。毕业生凭《就业报到证》到就业单位或者市毕业生就业主管部门报到，档案和户籍关系随转。

第二十条 择业期内未落实就业单位、愿回生源地自主择业的毕业生，经个人提出书面申请，学院招生就业指导处统一办理《就业报到证》（该证备注栏注明"自主择业，择业期至×××年6月30日"）。毕业生持《就业报到证》到生源所在省辖市毕业生就业主管部门报到，档案和户籍关系随转。

第二十一条 学院积极鼓励毕业生到西部、贫困地区从事志愿服务工作。服务期间，档案和户口保留在学院，免收管理费用。服务期满后，学院根据相关文件精神再办理《就业报到证》。

第二十二条 结业生找到工作单位的，可以派遣，但在《就业报到证》上注明"结业生"字样；在规定时间内无接收单位的，学院将其档案、党团关系转至家庭所在地（家居农村的保留非农业户口），自谋职业。

第二十三条 有下列情形之一的毕业生，学院不再负责其就业，也不再为其办理任何手续：

1. 不顾国家需要，坚持个人无理要求，经教育拒不改正的；
2. 自派遣之日起，无正当理由超过三个月不去就业单位报到的；
3. 到单位报到后，拒不服从工作安排或提出无理要求，用人单位退回的；
4. 其他严重违反毕业生就业规定的。

第六章　毕业生违约与改签处理

第二十四条　《就业协议书》经学院、用人单位、毕业生签字和盖章后生效，具有法律约束力。协议各方都应该严格履行协议。若一方提出变更或解除协议，必须征得其他方的书面同意。

第二十五条　要加强对毕业生的法制教育和诚信教育，严格控制违约现象。个别特殊情况确需违约的，应先书面申请，班主任签字同意后，报学院招生就业指导处研究批准后，再向原协议单位提出解除协议关系。

办理新协议书，必须提供以下手续：已经审批的个人书面申请、原协议书、原协议单位同意解除协议的加章书面证明，到学院招生就业指导处办理新协议。

第二十六条　已落实就业单位并办理就业报到证的毕业生，原则上不再办理改签手续。个别特殊情况，在择业期内确需改签的，应先向学院招生就业指导处书面申请，获得批准后办理改签手续。

办理改签手续必须提供以下材料：已经批准的个人改签申请，原就业单位同意其改签的书面证明，原报到证，新单位接收函。由学院招生就业指导处统一办理新的报到证。

第七章　毕业生档案管理与转递

第二十七条　毕业生离校之前，各班必须按照要求在指定的时间内将毕业生材料移交学生档案室。

第二十八条　毕业前已办理报到证的毕业生，其档案在毕业离校后三周内，由学生工作部档案室统一寄送至用人单位。

第二十九条　毕业前未落实就业单位的毕业生，可以办理人事代理，将档案托管在人才交流服务机构，也可以申请将档案保留在学院，经学院招生就业指导处审核同意后，档案继续保留在学院，学院在择业期内免收管理费。

第三十条　档案保留在学院的毕业生，择业期满仍未落实就业单位的，学院原则上将其档案转到生源所在地市以上人事主管部门人才交流服务机构。

第八章 就业率统计、报送与发布

第三十一条 各班要对择业期内各专业毕业生的签约就业、灵活就业和自主创业等情况进行定期统计并及时报送招生就业指导处办公室。

第三十二条 招生就业指导处按照省毕业生就业主管部门要求，准确、及时报送毕业生就业率等统计数据。

第三十三条 招生就业指导处定期向全院通报各专业毕业生就业率。

第三十四条 招生就业指导处加强与学院招生、教学等部门的信息交流，发挥毕业生就业率在学生招生、培养工作中的调节作用。

第九章 附 则

第三十五条 毕业生离校后，应按要求及时到用人单位报到、办理落户手续、签订劳动合同。学生和用人单位在就业过程中的争议，由当地政府就业主管部门或劳动仲裁部门协调解决，当事人也可向人民法院起诉。

第三十六条 本办法由招生就业指导处负责解释。

十四、湖南电气职业技术学院素质教育实施办法

湖南电气职业技术学院文件

电气职院发〔2017〕14号

湖南电气职业技术学院素质教育实施办法

为了深入贯彻落实中共中央《关于深化教育改革全面推进素质教育的决定》《关于进一步加强和改进新形势下高校宣传思想工作的意见》和《关于加强和改进党的群团工作的意见》等文件精神，结合我院实际，培养学生良好的心理素质、身体素质、创新创业素质、人文素质，进一步引导广大教职工参与素质教育，提高我院学生的综合素质，特制定本办法。

第一条 本办法所指的素质教育是指学校的基础素质教育，主要指心理素质、身体素质、创新创业素质、人文素质。

第二条 素质教育的组织实施

1. 基础素质教育主要通过第一课堂教育、第二课堂教育、第三课堂教育组

织实施。

2. 第一课堂教育是指课堂教学，主要包括学生心理素质教育、创新创业教育、人文教育。第一课堂教育按学校人才培养方案要求由素质教育部组织相关教师实施。

3. 第二课堂教育是课外活动训练，主要包括学生身体素质教育、行为养成教育以及校园四大活动月活动。第二课堂教育由素质教育部统一安排部署，各二级学院辅导员、班主任组织实施。具体要求如下：

第一，第二课堂教育适应于大一、大二学生。

第二，身体素质教育时间为周一到周五早上7:10至7:50，由各二级学院组织，要求大一学生晨训率不低于90%。

第三，劳动教育时间为每周四下午2:00到5:00，由各二级学院组织，要求大一、大二学生宿舍卫生合格率不低于95%，教学楼所属教室卫生合格率不低于95%（教学楼一楼A、B座：汽车工程学院；二楼及一楼大厅：风能工程学院；三楼：经济管理学院；四楼：电梯工程学院）。

第四，德育法制教育大一为每周一、二晚上7:20到8:20，主题班会大一为每周三晚上7:20到8:20，大二为每周四或周五晚上7:20到8:20，要求每周有主题、有记录、有成效。

第五，校园四大活动月活动是指心理健康活动月、书香校园活动月、校园艺术展活动月、感恩诚信活动月，由学工部负责组织，全校学生共同参与。

4. 第三课堂教育是指协会、社团建设，主要包括学生创新创业培养、文体兴趣培养等。第三课堂教育中的创新创业协会由各二级学院申报，经素质教育部审批成立，各二级学院组织相关人员实施。具体要求如下：

第一，为了着力培养学生创新创业意识及能力，每个二级学院必须加强专业建设，要求各二级学院必须依托优势专业每年至少要建设1到2个学生创新创业协会；一般专业鼓励建设专业学习型协会，数量由各二级学院根据具体情况统筹考虑。

第二，各二级学院协会申报必须在每年3月完成，素质教育部负责对各协会申报情况予以审核，协会须经审核批准成立后方可开展工作。

第三，每个协会的负责人由各二级学院安排。每个协会的指导老师不得少于2人（含负责人），不得超过5人（含负责人）。

第四，每个人不得同时兼任2个或2个以上协会的指导老师。

第五，每个协会参加学生人数不少于10人。指导老师有义务与素质教育部、各系部共同做好协会学生的组织工作。如果协会学生成员少于10人，则该协会自动撤销。

第六，协会如连续2个月没有开展相应活动，该协会将自动撤销。

第七，创新创业协会必须参与学校的创新创业活动，进驻创新创业基地，为学生创新创业提供专业技术指导。

第八，创新创业协会必须积极参与黄炎培职业教育奖创业规划大赛、挑战杯大赛、互联网+大学生创新创业大赛，为各类大赛培育至少一个项目，以赛促建，不断提升学生创新意识，提高创新能力。

第三课堂教育中的文体兴趣协会由团委在现有协会中择优申报，统一组织相关人员实施，经素质教育部审批组织实施。具体要求如下：

第一，团委必须从现有的协会里择优申报。为了保证协会质量，打造品牌，经素质教育部审批，学校给予相应扶植的文体兴趣协会每年不得超过3个。

第二，协会申报必须在每年3月完成，素质教育部负责对各协会申报情况予以审核，协会须经审核批准成立后方可开展工作。

第三，每个协会的负责人由团委安排。每个协会的指导老师不得少于2人（含负责人），不得超过5人（含负责人）。

第四，每个人不得同时兼任2个或2个以上协会的指导老师。

第五，每个协会参加学生人数不少于10人。指导老师有义务与素质教育部、各系部共同做好协会学生的组织工作。如果协会学生成员少于10人，该协会自动撤销。

第六，协会如连续2个月没有开展相应活动，该协会将自动撤销。

第三条 素质教育工作量计算办法及素质教育课时费发放

1. 素质教育工作量一律按相应的素质教育课时计算。

2. 第一课堂素质教育的素质教育课时计算与发放：由素质教育部根据相应的教学计划完成量计算课时，由教务处审核发放。

3. 第二课堂、第三课堂素质教育的素质教育课时计算与发放。

第二课堂素质教育费用计算与发放标准如下：

素质教育部严格考核第二课堂教育开展情况，凡是合格的班级大一按每月10课时，大二按每月8课时计算该班级辅导员或班主任的素质教育工作量。全年按10个月计算，即考核合格的班级素质教育课时费大一每年为100课时、大二每年80课时。由素质教育部负责考核统计，报学校领导审批发放。第二课堂素质教育中的四大活动月活动不予计算素质教育课时。

第三课堂素质教育费用计算与发放标准如下：

第三章 规章制度

创新创业协会（标准10人）每个月按素质教育部的要求以及协会工作计划开展了相关工作，经各二级学院和素质教育部考核，按15课时计算该协会的素质教育的工作量。全年按10个月计算工作量，即考核合格的协会的素质教育课时全年为150课时。考核合格的协会素质教育课时费（150课时/年/协会）的具体发放及分配由各二级学院根据具体分工统筹发放。各二级学院负责考核统计，报素质教育部审核，素质教育部报学校领导审批发放。文体兴趣协会（标准10人）每个月按素质教育部的要求以及协会工作计划开展了相关工作，经素质教育部考核，按10课时计算该协会的素质教育的工作量。全年按10个月计算工作量，即考核合格的协会的素质教育课时全年为80课时。考核合格的协会素质教育课时费（100课时/年/社团）的具体发放及分配由各协会负责人按指导老师的具体分工统筹发放。由各协会负责人统一报素质教育部，素质教育部考核合格，报学院领导审批发放。

第四条 素质教育类竞赛指导和集训工作量计算办法

1. 本条适用于学院所有在职在编教师组织在校学生参加教育行政部门、行业行政管理部门、行业协会和其他企事业单位组织的素质教育类竞赛项目。

2. 本条所指的素质教育类竞赛是指心理健康素质、文体素质、创新创业素质竞赛。

3. 学院鼓励教师组织学生参加各类素质教育竞赛，组织参加校外所有竞赛项目必须先在素质教育部备案，并经分管校领导审批同意，方予认定，作为指导和集训费用发放依据，未经审批准视为教师义务指导。

4. 学院教师团队指导学生参加省级或省级以上素质教育类竞赛并获奖，按获奖项目类别及等级给予指导团队一定的指导和集训课时，标准见下表（取单项或团体最高奖励，不重复计算）。

竞赛类别	指导和集训课时		
	一等奖/元	二等奖/元	三等奖/元
国家级竞赛	240	200	160
省级竞赛	160	120	80

5. 关于竞赛级别按如下说明进行界定：
（1）国家级竞赛：由教育部主办的全国大赛。
（2）省部级竞赛：由湖南省教育厅主办的大赛。
（3）其他非行政单位组织的比赛，降级奖励。

6. 关于奖项等次按如下说明进行界定：

（1）原则上按照一、二、三等奖奖项设置指导和集训课时标准。采取名次评比方式的竞赛，则第一名视为一等奖，第二、三名视为二等奖，第四、五、六名视为三等奖。

（2）同一竞赛项目（作品）在不同级别但同一系列竞赛中获得不同级别奖项者，只计级别最高奖。

第五条 素质教育类竞赛获奖成果奖励办法

1. 素质教育类竞赛获奖成果奖励办法参照《湖南电气职业技术学院师生技能竞赛获奖成果奖励办法》（电气职院发〔2016〕49号）执行。

2. 奖励按年度由素质教育部负责统计、审核并报学院审批后发放，在师生竞赛奖励费中开支。

第六条 附则

1. 本办法自颁布之日起执行。
2. 本办法由素质教育部负责解释。

十五、湖南电气职业技术学院创新创业教育实施方案

湖南电气职业技术学院文件

电气职院发〔2017〕13号

湖南电气职业技术学院创新创业教育实施方案

为进一步加强学校创新创业教育工作，根据《国务院办公厅关于深化高等学校创新创业教育改革的实施意见》（国办发〔2015〕36号）、《湖南省教育厅关于深化高等学校创新创业教育改革的实施意见》（湘教发〔2015〕45号）、《湖南省人民政府办公厅关于印发〈湖南省大众创业万众创新行动计划（2015—2017年）〉的通知》（湘政办发〔2015〕89号）等文件精神，结合我校实际，特制定本实施方案。

一、实施背景和基础

（一）实施背景

近年来，党和国家大力推进大众创业、万众创新，高度重视大学生创新创业教育工作，国务院办公厅印发的《关于深化高等学校创新创业教育改革的实

施意见》，成为高校开展创新创业教育改革的指导性文件。湖南省也相继出台了有关政策和文件，鼓励和支持大学生创新创业。2017年，湖南省政府拨款1 000万元，设立湖南省大学生创业专项扶持资金，开设了三条大学生创业服务热线，颁布了《关于鼓励和扶持大学生自主创业的政策意见》，为自主创业大学生提供资金、税收、办证与落户、用地用房等全方位扶持。湘潭市近年来全力推进《创新创业三年行动计划（2015—2017）》，为大学生创新创业提供良好的平台和政策支持。

（二）建设基础

学院成立了素质教育部，设置了创新与创业教研室。近年来，学院创新创业教育成果显著，连续两次获得湖南省就业创业"一把手工程"优秀单位称号，连续两年获得湖南省黄炎培创业规划大赛一等奖等。

二、指导思想

全面贯彻党的教育方针，落实立德树人根本任务，坚持育人为本，坚持创新引领创业，以推进素质教育为主题，以提高人才培养质量为核心，以创新人才培养机制为重点，以完善条件和政策保障为支撑，大力推动学校创新创业教育。建立科学的创新创业教育课程体系，培育学生创新精神、创业意识和创新创业能力。积极推进创新创业意识和价值教育、能力与素质教育、实习与实训教育、实战与孵化教育，构建"全链条式"创新创业人才培养体系。

三、基本原则

（一）坚持育人为本，提高培养质量

把深化创新创业教育作为推进学校教育教学改革的突破口，树立先进的创新创业教育理念，面向全体、分类施教、结合专业、强化实践，促进学生全面发展。

（二）坚持问题导向，补齐培养短板

把解决创新创业教育存在的突出问题作为深化学校创新创业教育改革的着力点，融入人才培养体系，丰富课程，创新教法，强化师资，改进帮扶，推进教学、科研、实践紧密结合，突破人才培养薄弱环节，增强学生的创新精神、创业意识和创新创业能力。

（三）坚持协同推进，汇聚培养合力

把完善创新创业教育体制机制作为深化学校创新创业教育的支撑点，集聚学校创新创业教育要素与资源，统一领导、齐抓共管、开放合作、全员参与，形成学校与社会联动，共同关心支持创新创业教育，营造学生创新创业的良好生态环境。

四、总体目标

启动实施"湖南电气职业技术学院创新创业行动计划"，在创新创业教研室的基础上成立创新创业教育学院，确立创新创业教育总体目标（即：围绕一个核心，突出一个重点，坚持三个结合，构建以创新创业教育教学为基础、以创新创业教育学院为依托的六大工作体系）。

以提高人才培养质量为核心，以创新人才培养机制为重点，坚持创新创业教育与创新创业实践相结合，坚持全面普及提高与重点扶植培育相结合，坚持学校人才培养与服务新能源和先进装备制造产业需求相结合；着力构建六大工作体系：即以制度创新构建组织保障体系，以方法创新构建教育体系，以团队创新构建师资队伍体系，以资源创新构建服务体系，以载体创新构建实践体系，以服务创新构建孵化体系，形成一条从"了解创新创业"到"准备创新创业"直至"实践创新创业"的大学生创新创业教育链条，全面提升我校学生的创新精神、创业意识和创新创业能力，开创我校创新创业教育工作新局面。

2017年全面启动深化学校创新创业教育改革。确立创新创业教育教学体系，开展创新创业素质和能力提升训练项目，完成大学生创新创业基地建设。到2020年建立健全课堂教学、自主学习、结合实践、指导帮扶、文化引领融为一体的学校创新创业教育体系，人才培养质量显著提升，学生的创新精神、创业意识和创新创业能力明显增强，投身创业实践的学生显著增加。

五、重点建设内容

（一）组织保障体系建设

1. 组织机构建设

（1）成立创新创业教育工作领导小组领导小组。由院长任组长，分管教学工作、学生工作的院领导任副组长，党政办公室、组织人事部、教务处、学生工作部、团委、招生就业处、科研处、财务处、后勤处、各二级学院、素质教育部负责人参加。领导小组主要职责是建立多部门齐抓共管的创新创业教育工作机制，统筹开展全院的创新创业教育工作的规划、制度建设、经费保障等。领导小组办公室设在素质教育部，负责日常工作。

（2）成立创新创业教育专家指导委员会。专家指导委员会由校内外专家、社会创业成功人士、创业指导权威人士、政府职能部门负责人、企业负责人、创业投资人及优秀校友代表等组成。专家指导委员会主要为学校的各级各类学生科技竞赛及学校开展创新创业教育提供咨询、指导和服务，研究全院创新创业教育的发展趋势和布局规划。

（3）成立创新创业工作组。各二级学院成立以院长为组长、党总支书记、教学副院长为副组长的学院创新创业工作组，把学生的创新创业工作列入学院重要工作日程，并明确创新创业导师、专业教师、辅导员（班主任）在学生创新创业工作中的职责。各二级学院创新创业教育具体方案及人员组成需报学校创新创业教育领导小组办公室备案。

2. 规章制度建设

（1）修订完善《湖南电气职业技术学院人才培养方案》，完善人才培养质量标准。明确高职高专创新创业教育目标要求，使创新精神、创业意识和创新创业能力成为评价人才培养质量的重要指标。探索建立需求导向的专业结构和创业就业导向的人才培养类型结构调整新机制，促进人才培养与经济社会发展、创业就业需求紧密对接。

首先，修订人才培养标准，完善创新创业课程体系。具体修订如下：

目前的课程体系见下表：

序号	课程名称	讲授课时/实践课时	授课对象
1	职业规划与创业教育	12/4	大一
2	就业指导	16/16	大二
3	创业基础	12/4	大三

调整后的课程体系见下表：

序号	课程名称	讲授课时/实践课时	授课对象
1	创新创业	12/4	大一
2	大学生职业生涯规划	12/4	大二
3	就业创业指导	16/16	大三

其次，修订学生顶岗实习规定。为了确保有一定基础的创业项目得到持续发展，项目成员的顶岗实习要求可适当放宽要求，项目建设综合进展可以视作项目成员顶岗实习的成绩。

（2）修订完善《湖南电气职业技术学院学籍管理办法》。建立科学合理的创新创业成绩及成绩积累与转换制度。将学生开展创新实验、发表论文、获得专利和自主创业等情况折算为相关专业成绩，将学生参与课题研究、创新创业项目等活动认定为课程学习。为有意愿有潜质的学生制定创新创业能力培养计划，建立创新创业档案和成绩单，客观记录并量化评价学生开展创新创业活动情况。实施弹性学制，放宽学生修业年限，允许调整学业进程、保留学籍休学创新创业。

（3）修订完善《湖南电气职业技术学院奖学金评比办法》。设立创新创业奖学金，并在现有相关评优评先项目中安排一定比例用于表彰创新创业优秀学生。

（4）出台创新创业教育经费支持办法。学校从素质教育经费中按每个创新创业协会每年150个素质教育指导课时考核各二级学院创新创业协会建设，支持各二级学院至少建设好一个创新创业协会或社团，鼓励经验丰富的专业老师指导学生从事创新创业活动和实践。对于经学校遴选、进驻创新创业基地的建设项目，学校给予2 000元的创业启动基金，用于支持学生创新创业项目的发展，促进学生创新创业项目运作实施；同时，广泛动员社会组织、公益团体、企事业单位和个人设立大学生创业风险基金，以多种形式向自主创业大学生提供资金支持，提高扶持资金使用效益。

（二）创新创业教育体系建设

根据人才培养定位和创新创业教育目标要求，调整专业课程设置，优化课程体系，重构专业教学过程，促进专业教育与创业教育有机融合，把创新创业能力培养融入人才培养的全过程。广泛开展启发式、讨论式、参与式教学，建设依次递进、有机衔接、科学合理的创新创业教育专门课程。充分发挥专业教育、素质教育、实践教育、文化教育在创新创业教育中承担的各自功能，形成"四位一体"的学生创新创业教育体系。

（1）以专业教育为基础，强化并增设创新创业教育类必修及选修课程，并纳入学分管理。教学活动是创新创业教育的主战场，学校要求教师将创新创业教育贯穿于专业教育之中，在教学评估标准中增加创新创业教育的比重。组织专业带头人、专业教师、行业企业优秀人才联合编写具有科学性、先进性、适用性的创新创业教育教材。

（2）以实践教育为依托，统筹建设大学生创新创业基地。深入开展校企联合、校际联合，培养大学生创新创业能力，让学生感受真实世界，在服务社会中增强创新创业能力。

（3）以文化教育为基础，建设校园创新创业文化。有重点、分层次举办讲座论坛，全方位、多方面开展主题活动，把创新创业文化作为校园文化建设的重要内容，加大创新创业价值宣传，树立创新创业先进典型。加强正面引导，营造鼓励创新、崇尚创业的氛围，让更多的学生释放出勇于创新创业的激情和活力。

（三）创新创业能力培训体系建设

1. 健全 SIYB 创业培训

SIYB 意为"创办和改善你的企业"，是针对有劳动能力和创业愿望的人员开展的创业能力培训，旨在通过培训激发学员创业的主动性和积极性，使学员掌握创办小企业的科学方法，以提高创业水平，增强创业能力，完备培训体系，具有学用结合、低成本、高成效的特点。SIYB 创业培训能有效地培养学生创新创业意识，挖掘具有创新创业潜能的人才，同时能为创业指导师提供一个稳定的发展平台。学校将 SIYB 创业培训纳入整个创新创业培训体系，由素质教育部创新创业教研室统筹管理。

2. 鼓励教师指导学生参加竞赛

将教师指导学生参加竞赛与岗位聘任、职称评定挂钩，充分调动广大教师积极性。对指导学生参加省级以上技能竞赛、创新创业大赛等相关赛事中获得显著成绩的教师，给予相应表彰奖励，在学校科研项目立项、教学成果奖评定、岗位聘任时优先考虑，在学校职称评定过程中，同等条件下予以优先考虑。

3. 组织教师深入开展创新创业教育课题研究

关注创新创业教育的关键问题、前沿问题以及热点、难点问题，关注创新创业教育理论与实践的结合，积极组织申报创新创业教育各级教学成果等奖项，引导专业教师、创新创业指导教师积极开展创新创业教育方面的理论和案例研究，不断提高在专业教育、创新创业指导课程中进行创新创业教育的意识和能力。

（四）指导服务体系建设

1. 营造良好的创新创业氛围

积极宣传国家和地方促进大学生创新创业的新政策、新措施和新成效，及时报道校内外开展的学生创新创业实践活动，对校内外涌现出来的学生创新典型、创业新星进行榜样宣传，激发学生的创新创业热情，引导学生树立科学的创业观、就业观和成才观。

2. 强化学生创新创业指导服务

以大学生创新创业基地为依托，做到"机构、人员、场地、经费"四到位，对自主创业学生持续跟踪帮扶到位。加强创新创业信息和咨询服务，为创业和有创业意向的学生提供创业项目评估、融资咨询、申办企业手续、项目运行管理、创业项目对接、知识产权交易等多方位、多形式的服务。广泛收集创新创业信息，包括创新创业资讯、创业项目、资金扶持、政策优惠等方面信息，及时为学生提供信息服务。

3. 加强学生创新创业培训

对创业学生或创业团队，开展"一对一"的个性化、针对性的培训和服务，包括法律、工商、税务、财务、人事代理、管理咨询、项目推荐和项目融资等。开展创业能力测评、创业项目模拟等，增强创业指导服务的针对性和有效性，对有创业愿望的应届毕业生开展针对性的创业项目培训。

（五）实践活动体系建设

1. 培育创新创业社团

以专业社团建设为基础，大力培育各类创新创业社团。每个二级学院依托优势专业每年至少要建设1到2个学生创新创业社团，并按《湖南电气职业技术学院素质教育实施办法》给予创新创业社团指导老师一定的素质教育指导课时，鼓励专业教师指导大学生创新创业社团活动，通过内容丰富的创新创业竞赛活动、交流研讨、讲座论坛、模拟实践等途径激发学生的创新创业动机，培育学生的创新创业精神，提高学生的创新创业素质和能力。

2. 规范创新创业类大赛

所有创新创业类大赛的组织实施与经费管理由素质教育部统筹。素质教育部依托大学生挑战杯比赛、黄炎培职业教育创业规划大赛、互联网＋创新创业大赛等平台，每年组织一次具有专业特色的创新创业类大赛，遴选一批优秀创新创业团队和作品参加湖南省乃至全国的比赛。具体做法为：

（1）组织大学生课外科技作品竞赛，主要面向在校生，以科技发明、社会调查报告的理论水平、实际应用价值和创新意义作为主要评价内容。

（2）组织大学生创业规划竞赛，主要面向在校生，以商业计划书评审、现场答辩等作为主要评价内容。

（3）组织创业实践挑战赛，主要面向在校生及未满5年的毕业生且已投入实际创业3个月以上的项目，以经营状况、发展前景等作为主要评价内容。

（4）组织公益创业赛，主要面向在校生，以创办非营利性质社会组织的计划和实践等作为主要评价内容。

（六）项目孵化体系建设

积极推进创新创业项目孵化，加强大学生创新创业基地建设，在校内为大学生创新创业实践活动提供场地，力争形成定位准确、布局合理、功能齐全、校地互动的具有湖南电气职业技术学院特色的创新创业项目孵化体系。

1. 建设大学生创新创业基地

在校内建设1 000平方米左右的创新创业基地，为创新创业团队和项目提供场地、资金、导师、指导等。基地布局充分考虑整体功能，并引入相关设备和设施，为学生提供自由探索和创造实践的环境条件。对于进驻创新创业基地的建设项目，学校给予2 000元的创业启动基金，用于支持学生创新创业项目的发展；同时，积极吸引天使基金、风投基金等社会资本，引入众筹等新型融资方式，设立创新创业专项教育基金、各类创业基金和奖励基金等，资助学生开展各类创新创业活动。各二级学院结合自身实际、专业优势，建设创新创业工作室。

2. 建设多方联动的项目孵化体系

优先孵化与国家和地方战略主导产业相适应的创业项目，推进校园孵化与社会孵化的对接，以创新人才的培养和科技成果的转化提高对区域经济社会发展的助推力。探索全省高职校际大学生创业孵化工作交流机制，促进高职院校大学生创业孵化工作交流。加强与政府、行业、企业合作的深度和广度，依托校企双主体二级学院、校内实训基地、企业技术研究所，创建创新创业教育实践平台，推动科技项目成果转化，推动学生自主创新创业。

六、其他

1. 本办法自颁布之日起执行。
2. 本办法由素质教育部负责解释。

第三篇 活力·电气

古代・中世

第三篇

第四章

学院四大活动月、两大节

学院四大活动月是指心理健康活动月、书香校园活动月、校园艺术展活动月、感恩诚信活动月,由学工部负责组织,全校学生共同参与。

第一节　心理健康活动月

5月25日是全国大学生心理健康日。"5·25"的谐音即为"我爱我",发起人的解释是：爱自己才能更好地爱他人。2000年,由北京师范大学心理系团总支、学生会倡议,随后10多所高校响应,并经有关部门批准,确定5月25日为"北京大学生心理健康日",2004年团中央学校部、全国学联共同决定将5月25日定为全国大中学生心理健康日。

学院心理健康活动月系列活动见表3-1。

表3-1　心理健康活动月系列活动一览表

项目	时间	地点	参与对象
心理健康活动月活动开幕式暨5·25心理趣味运动会	5月	足球场	全院学生
心理健康知识、心理图片展览及现场心理咨询	5月	一教学楼门口	全院学生
心理健康主题讲座	5月	新能源五楼多媒体报告厅	全院学生
心理健康主题班会活动	5月	各教室	全院学生
校园心理情景剧大赛暨心理健康活动月闭幕式	6月	新能源五楼多媒体报告厅	全院学生

第二节　书香校园活动月

书香校园活动月系列活动如下。

活动一：《诵读经典，传承美德》——主题班会活动

使学生在古诗词的海洋中，感受中华文化的博大精深，体会古诗的意境，领悟诗人的情感，传承古代贤人的美德，培养审美情趣，提高审美能力。该活动将评选一、二、三等奖及优秀奖，对获奖班级予以宣传和奖励。

主题活动二：国学阅读，"阅"战越勇——国学知识竞赛

品国学，扬经典，通过发布国学知识题库、开展国学知识竞赛，传承国学经典文化，最终评选出国学知识达人。

主题活动三：诵读千古美文，传承华夏文明——经典诵读比赛

激发学生诵读中华经典的情趣，养成随时积累语言素材的习惯。培养学生对祖国语言文字的热爱，增强民族自豪感。举办经典诵读比赛，每个二级学院推选1~2个节目参加学院的比赛，将评选出一、二、三等奖。

主题活动四：微拍"最美阅读瞬间"——阅读摄影作品征集

在学院校园内，美丽的阅读身影随处可见，为了留住这些美好的阅读瞬间，并展示我校学生热爱读书、认真学习的风采，面向全校师生征集"最美阅读瞬间"摄影作品，希望通过摄影的方式来记录大家在学校的最美阅读瞬间。

主题活动五：谁来当学霸——评选校园"书虫"

为鼓励大家多读书，让读书成为一种习惯，在活动期间统计借书量前10名的读者，授予"书虫"称号，并赠予精美礼品。

主题活动六：我爱读书——读书笔记评选

"书籍是人类的朋友，是人类进步的阶梯。"读书是取得知识和技能的重要途径，是传承文明弘扬文化的重要途径。为进一步培养学生的阅读兴趣，鼓励学生以书为友，养成良好的读书习惯，努力提升书香校园月的品位，组织开展

读书笔记评选活动，选出优秀的读书笔记并予以宣传及奖励。

第三节 校园艺术展活动月

校园艺术展活动月系列活动如下。

系列活动一：大学生礼仪风采大赛

（1）时间：3月到4月。
（2）参赛人：全校学生。

系列活动二：大学生才艺展

（1）时间：4月5月。
（2）参展人：各二级学院。
（3）展示内容：器乐，排舞。

系列活动三：学院集中展

（1）时间：6月。
（2）展示内容：
①礼仪风采——大学生艺术团。
②器乐演奏展示——各二级学院。
③排舞展示——各二级学院。

第四节 感恩诚信活动月

为全面贯彻落实家庭经济困难学生资助政策，坚持育人为本、德育为先，实现资助与育人相结合的目的，不断优化育人环境，创建知感恩、讲诚信的和谐校园，提高受助大学生的综合素质，引导和激励我院受助学生诚实守信、回报他人、感恩社会、努力学习、励志成才，促进家庭经济困难学生资助工作的持续健康发展，决定在全院范围内开展"感恩、诚信、自强、成才"教育活动。

感恩诚信活动月系列活动如下。

一、"孝文化"主题班会

（1）活动时间：9—10月。
（2）组织单位：各二级学院。
（3）活动地点：各二级学院自行安排。
（4）参与对象：全体班主任、学生。
（5）奖励形式：各二级学院推荐一个主题班会组织得力、活动效果好、资助政策宣传力度大的班级，拟给予表彰。

二、受助学生座谈会

（1）活动时间：11月。
（2）组织单位：学工部。
（3）活动地点：第4会议室。
（4）参与对象：各二级学院辅导员、受助学生代表。

三、"励志、诚信、感恩"征文

（1）活动时间：11月。
（2）组织单位：各二级学院。
（3）参与对象：全院学生。
（4）征文要求：题目自拟，内容真实，感情真挚，字数为800~1 000字。
（5）本次征文活动设一等奖2名、二等奖3名、三等奖5名以及优胜奖若干名。获奖者将由主办单位统一颁发证书和奖品。

四、"自强之星"评选活动及"自强之星"报告会

（一）"自强之星"评选活动

（1）活动时间：11月。
（2）组织单位：各二级学院。
（3）参评对象和评选条件：我校全日制在校生，并具备以下条件：
①生活中勤俭节约、艰苦朴素，无不良嗜好；
②学习刻苦努力，学业成绩优良，曾获得过国家奖学金、国家励志奖学金、国家助学金或其他校内校外奖励；
③品行端正，热心公益，乐观向上，乐于助人。
（4）名额：电梯工程学院3名，风能工程学院3名，经济管理学院2名，

汽车工程学院 1 名。

（二）"自强之星"报告会

（1）活动时间：11 月。

（2）组织单位：学工部、各二级学院。

（3）活动地点：多功能报告厅。

五、"做一次义工"——用行动回报社会活动

（1）活动时间：12 月。

（2）组织单位：学工部。

（3）活动内容：学工部在 12 月组织获得资助的家庭经济困难学生开展形式多样的感恩母校、回报社会等公益活动，积极引导同学们常怀感恩之心，立志报国成才，并努力探索活动开展的长效机制，促进活动广泛、深入、持久地进行。

第五节　大学生创新创业节

（1）活动时间：12 月。

（2）组织单位：学工部、各二级学院。

（3）活动地点：多功能报告厅。

（4）参与对象：全体师生。

（5）活动内容：启动仪式、创新创业平台体验、创新创业典型评选、创新创业项目评审、创新创业校级竞赛、创新创业成果展示。

第六节　寝室文化艺术节

（1）活动时间：11—12 月。

（2）组织单位：学工部、各二级学院。

（3）参与对象：全体新生。

（4）活动内容：寝室长培训、文明寝室评比、寝室美化设计大赛、知识竞赛、寝室文化艺术节园游活动等。

第五章

大学里的学生组织

大学里的学生组织是提高学生综合素质、培养创新人才的重要阵地。它不仅能够培养大学生的民主意识及自律精神，促使大学生在自我表现、自我发现、自我管理、自我教育和自我发展的基础上提高自身的综合素质和综合能力，还能提高大学生的社会交往能力，加速大学生的社会化，促进大学生得到自身价值的满足和社会的认可。新生入学后，学校内的各个学生组织就纷纷开始"纳新"，如果你有志于在大学里得到更多的锻炼、积累更多的社会经验，可以结合自身条件，加入你喜欢的学生组织。

第一节　校团委

共青团湖南电气职业技术学院委员会是我校先进青年的群众性组织，是党的助手和后备军，主要职能是团结和教育广大团员青年，执行党的青年工作方针，繁荣校园文化生活，丰富校园文化活动，创造性地开展工作。校团委下设办公室、组织部、宣传部、广播站、"为人民服务"宣讲团、大学生艺术团、大学生记者团、国旗护卫队等部门。

第二节　学生会

学生会是指学校党委领导下、团委指导下的主要学生组织，以全心全意为同学服务为宗旨，发挥服务学生的功能，是学校联系广大学生的桥梁和纽带，学生会遵循和贯彻党的教育方针，组织同学开展学习、文体、社会实践、志愿服务、创新创业创优等多种活动，促进同学全面发展；维护校规校纪，倡导良好的学风、校风，促进同学与同学之间、同学与老师之间的团结，协助学校建设良好的教学秩序和学习生活环境，是学校管理系统的重要组成部分。下设学风建设部、自律自治部、文体活动部、青年志愿团、心理健康部等各部门。各二级学院设院学生会。

第三节　社团联合会

社团联合会是湖南电气职业技术学院学生社团的自治组织，在学校党委的领导和学校团委的悉心指导下，负责全校学生社团及社团活动的管理、协调与监督，发挥沟通学校与社团之间的桥梁作用。学生社团联合会以"全心全意为广大会员服务"为宗旨，以"统一管理、正确引导、服务会员、提高素质"为指导思想，有组织、有计划、有成效地开展各种活动，从而达到团结各社团、丰富学生第二课堂、繁荣校园文化、推进良好校风学风建设的目的，并使各社团逐步形成制度化、正规化、系统化的管理模式。学校目前拥有蓓蕾文学社、博学书画协会、演讲与口才协会、羽毛球协会、棋艺协会等 24 个社团组织。

一、蓓蕾文学社

湖南电气职业技术学院蓓蕾文学社是我校成立最早的学生社团之一。"蓓蕾"文学社原名为"星辰"文学社，创立于 20 世纪 80 年代末，1998 年更名为"蓓蕾"，取其含苞欲放之意。社团活动众多，其中，"蓓蕾杯"写作大赛与"文化艺术节（世界读书日）"是社团特色活动。协会旨在丰富大学课余生活，活跃校园文学气氛，提高全校师生的人文素养，扩大师生视野，加强与外界的合作交流，给所有爱好文学的青年朋友一个锻炼的平台。因为年轻，我们充满活力，缘因文学，我们相聚蓓蕾。

二、博学书画协会

湖南电气职业技术学院博学书画协会于 2016 年成立，是我校校园文化建设的重要组成部分，协会一直秉承着"以书陶情、以画会友"的宗旨，始终贯彻"自立自强、自强不息"的协会精神。协会成立的初心就是希望把全校钟情于书画艺术的同学们聚集起来，以繁荣校园文化生活，为书画爱好者提供锻炼机会，提高会员书画技艺、鉴赏能力、活动能力为己任。多年的文化积淀，底蕴深厚。

三、演讲与口才协会

湖南电气职业技术学院演讲与口才协会成立于 2014 年，协会以"自我服务，自我管理，提升能力，展示自我"为宗旨，旨在为广大爱好演讲或希望提高自身口头表达能力的同学提供一个学习、交流的平台。协会定期组织集体活动，充分锻炼会员的交际能力，使会员克服社交恐惧，丰富其大学生活。通过举办"演说杯""朗诵比赛"等活动，不仅提高了会员的口头表达能力、社交能力，也为每一位在校学生提供了展示自我的机会。

四、羽毛球协会

湖南电气职业技术学院羽毛球协会成立于 2013 年，由学校公共课部体育教研室进行专业指导，是一个有活力、有上进心的优秀社团，协会旨在"以球会友、共同进步"，每周都会安排会员集训，纠正动作、传授比赛中的技战术。除此之外，协会在外出交流、参赛过程中取得了一系列的好成绩：在 2018 年湖南省大学生运动会中，取得了男子团体第五名、女子单打第七名的好成绩；在 2018 年湘潭八校联赛上获得男子双打项目第二名的好成绩。协会现有正式会员 150 余人，并且每年都在逐步增加。

五、棋艺协会

湖南电气职业技术学院棋艺社团创立于 2019 年，是一个充满活力、青春勃发的新星社团，协会以"棋有所乐，学有所获"为宗旨，现有会员 80 余人，致力于培育学生的兴趣爱好，也努力为在校师生创造丰富的课余生活。协会定期在校内举行棋艺比赛，并多次代表我校与湘潭其他高校进行联谊赛，取得优异的成绩。

第四节　广播站

广播站是校团委直属的主要职能部门之一，是宣传党的路线、方针、政策，配合学校中心工作、教育引导学生的重要舆论宣传阵地，也是高校校园文化建设的重要力量。学校广播站在完成日常播音的同时，还会通过举办"校园主持人大赛"等活动为学校培养校园文体活动主持人。

第五节　青年志愿团

青年志愿团是校团委直属的主要职能部门之一，在校内外大力弘扬"奉献、友爱、互助、进步"的志愿服务精神，主要职能是对全校青年志愿者资源进行管理，广泛组织，开展形式多样、扎实有效的志愿服务活动，并服务于所有热心于公益事业的在校青年大学生。青年志愿团一直践行学校"为人民服务"工程的工作要求，以暑期"三下乡""返家乡"等社会实践、大型赛会服务和日常志愿服务等为主体，组织并参与扶贫济困、帮孤助残、支教扫盲、青少年援助、科技推广、医疗保健、环境保护等活动，取得了优异的成绩，赢得了社会各界的广泛好评。

第六节　大学生艺术团

大学生艺术团成立于 2016 年 4 月，以服务全校师生为宗旨，以提高大学生文化艺术素质、促进精神文明建设为目标。大学生艺术团是代表我校学生整体艺术水平的群众性文艺团体，是由具有一定艺术素养、热爱艺术的在校大学生组成，是大学生进行艺术实践的园地，也是学校实施素质教育的重要阵地之一。我校大学生艺术团自成立以来，多次获得全国阳光排舞进校园示范单位、湖南省学生阳光体操节高职高专组多项舞种冠亚军称号。

第七节　国旗护卫队（校卫队）

国旗护卫队（校卫队）是学生工作部直属的主要职能部门之一，主要负责学校每周升旗及重大节日的升旗活动，校、院大型活动的礼仪接待和秩序维护工作，部分新生的军训工作。国旗护卫队在树立学校形象、加强对全校学生的爱国主义教育、推动校园精神文明建设方面做了大量的工作。

第六章

竞　赛

第一节　挑战杯比赛

挑战杯比赛是共青团湖南电气职业技术学院委员会积极响应湖南省委、湖南省委教育工委、湖南省教育厅、湖南省科技厅、湖南省经信委、湖南省科协、湖南省学联在湖南省各高职院校开展的创新创效创业大赛。

为了引导和激励我院学生培养创新创业精神，崇尚科学、追求真知、敢于挑战，并在此基础上促进我院学生创新创业技能的提升，发掘和培养一批在学术、专业上有潜力、有作为的优秀人才，学院领导高度重视，并举办了多届"挑战杯——彩虹人生"比赛。近年来，我院师生参与面不断扩大，学术和专业创新水平稳步提升，一批学生作品在全省的挑战杯大赛中取得可喜成绩，体现了我院在此方面获得的工作成效。

学院领导一直把挑战杯比赛作为大学生创新创业工作的重点之一，高度重视挑战杯比赛工作，由分管院领导牵头，教务处、学生处、团委等部门配合，专任教师担当指导老师，指导和辅导学生申报作品参加挑战杯校内选拔比赛。同时，在学院最终评审中组织业内专家，担任作品的评审和指导工作。学院领导就相关工作作出指示，全力以赴做好挑战杯比赛各项工作，从经费上大力支持挑战杯比赛工作的开展，并询问各项工作的落实情况；校团委及各相关单位齐心协力，认真落实和贯彻领导有关部署，广泛宣传，积极筹备，保证了参赛选手的专业素质，为参加决赛奠定了坚实的基础。

2017年我校挑战杯校内选拔比赛启动以来，经过精心组织、广泛参与，共有10项作品参加了学校最终评审，并上报湘潭市团市委。其中有5项作品被湘潭市团市委选送到团省委。经过一个多月的激烈角逐,我校有3项作品入围"彩虹人生——挑战杯"湖南省职业学校创新创效创业大赛决赛。至此,我校成为湘潭市高职院校范围内唯一一所入围决赛的院校。

第二节 黄炎培职业教育创业规划大赛

黄炎培职业教育奖由中华职业教育社根据自身特点和职业教育发展的实际需要于2007年创立,并在2009年顺利通过国务院组织的评比达标表彰活动专项审核。这一奖项已成为中华职业教育社的传统表彰项目,成为推动职业教育发展的有力手段,得到全国职业教育界广泛认可,具有很高的知名度。我校相继在2015年、2016年荣获湖南黄炎培职业教育创业规划大赛决赛一等奖的好成绩。创业规划大赛的举行,培养了师生们的创新创业精神,激发了广大师生的创业热情。

第七章

评优评奖制度

第一节 湖南电气职业技术学院学生校级奖励办法

湖南电气职业技术学院学生校级奖励办法

为鼓励学生勤奋学习，奋发向上，促进学生德智体全面发展，参照普通高校奖学金发放办法，结合我院实际情况，特制定本奖励办法。奖励情况均记入学生档案，获奖学生必须具备以下条件：

（1）热爱社会主义祖国，拥护中国共产党的领导，坚持四项基本原则，具有为国家的富强而艰苦奋斗的献身精神。

（2）模范遵守国家法律、高等学院学生行为准则和学院的规章制度，团结同学，关心集体，勤俭节约，热爱劳动，品德优良。

（3）热爱所学专业，勤奋学习，成绩优良。

（4）积极参加社会工作，坚持体育锻炼，积极参加公益劳动及其他活动，身心健康。

一、优秀学生奖学金

（一）优秀学生奖学金的评定与发放

（1）优秀学生奖学金按学年评定发放，原则上第二学年开学后第四周内发放。

（2）评定工作依据班级学生德育考核成绩及期末考试成绩的排名进行。

（3）奖学金评定工作由学生工作部组织，各班主任负责完成。

（4）各班级的评定结果必须经学生工作部审查，报学院批准。

（二）优秀学生奖学金等级、金额和比例

（1）一等奖学金：按在册学生人数的4%评定，每人800元。

（2）二等奖学金：按在册学生人数的8%评定，每人600元。

（3）三等奖学金：按在册学生人数的15%评定，每人400元。

有下列情况之一者不能获优秀学生奖学金：

（1）本学期受通报批评、纪律处分或有未撤销处分者；

（2）有违反学院"两禁"现象者；

（3）考试课或考查课有一门不及格者；

（4）在校内外参加各项活动中表现不好，造成不良影响而受到批评者。

（三）加分

（1）在市级以上组织的比赛中获奖者，按获奖等级酌情加1~3分。

（2）在正式刊物上（市级以上）发表文章，酌情加1~3分。

（3）院学生会正副主席、校卫队负责人、院社团联合会负责人加3分；各系部团总支副书记、学生会正副主席加2.5分。

（4）院学生会各部长，广播站、各院级社团组织负责人加2分；各系部学生会部长，各班团支书、正副班长加1.5分。

（5）各班班委委员、团支部委员、各院级社团组织各职能部部长、学院学生会干事、各系部学生社团组织负责人、校国旗护卫队成员加1分。

（6）各系部学生社团组织职能部部长、各寝室长、系部学生会干事加0.5分。

（7）虽未担任社会工作，但积极维护集体荣誉，热心为同学服务，为班级和学校建设献计献策作出贡献者酌情加1分。

（8）担任多项职务的学生，不能重复加分，以最高职务加分。

（9）本加分只适用于一、二、三等奖学金。

二、三好学生

（一）评选条件

该学年所有课程每门成绩必须在60分以上，且所有课程平均成绩不得低于85分。

（二）评选比例

三好学生比例不超过班级人数的10%，如全班无一人符合评选条件，则选班级成绩第一名的学生。每人奖励200元。

（三）评选办法

三好学生每学年评定一次，由班主任根据评选条件和学生德智体综合表现组织全班同学进行评议，确定三好学生和特优学生名单，报系部审查，最后由学生工作部及学院批准。

三、优秀学生干部

（一）评选条件

（1）热心为集体为同学服务，积极参与学院的管理工作，工作主动踏实，认真负责，具有一定的独立工作能力和创新精神，工作成效显著。

（2）作风正派，办事公道，团结同学，顾全大局，在各项工作中均能发挥模范带头作用，敢于开展批评与自我批评，群众威信较高。

（3）该学年所有课程均及格。

（二）评选比例及程序

（1）班委、团支部成员在班级德育考核成绩前30%的方有资格参加评比，班级人数为30人以下的评选优秀学生干部2名，班级人数为30人以上的评选优秀学生干部3名。

（2）校团委、学生会、各学生社团、校国旗护卫队的学生干部按10%的比例由团委、学生会提出初步意见，由学生工作部和院团委共同审查，报学院审批。

（3）优秀学生干部每人奖励100元。

四、单项积极分子

（一）评选条件

（1）思想品德好，尊师守纪，团结同学。

（2）认真学习，刻苦钻研，各门课程成绩合格以上，学年德育考核测评全班排名前40%。

（3）主动与院团委、学生会联系，服从组织，积极配合、支持院团委及学生会工作，认真完成上级布置的各项工作任务。

（4）工作表现好，任劳任怨，积极主动，有较强的工作能力，受到同学们的好评。

（5）积极参加学院组织的各项活动。

（二）评选比例

单项积极分子共4类：学习积极分子、宣传积极分子、文体积极分子和品行积极分子。每个班级每一类限报1人，只发奖励证书，无物质奖励。

五、先进班级

（一）评选条件

（1）具有良好的班风。拥护四项基本原则，关心国家大事，团结友爱，朝气蓬勃，积极向上；具有良好的精神风貌，积极参加学院组织的各项活动，遵守校规校纪，具有良好的道德风尚。

（2）具有良好的学风。全班同学态度端正，勤奋学习，专业思想稳定，学习气氛浓厚，学习成绩普遍较好，在各项专业的测评中成绩突出。

（3）积极开展丰富多彩的文化活动，获奖成果多，名次突出。

（4）有一个团结协作、积极工作的班级领导核心。班干部能以身作则，在各项活动中起模范带头作用。

（5）积极开展社会实践活动，主动为社会服务，为社会做贡献。

（二）评选程序

班级考核在全院总考核成绩排名前20%的班级，经学生工作部审定后，报主管领导批准。

第二节 湖南电气职业技术学院国家奖学金评定办法

湖南电气职业技术学院国家奖学金评定办法

第一章 总 则

第一条 国家奖学金是为激励学生勤奋学习、努力进取，促进学生在德、智、体、美等方面得到全面发展而设立的专项奖学金。

第二条 国家奖学金用于奖励高校全日制本、专科（含高职）学生中特别优秀的学生。

第三条 为保证国家奖学金评审和发放工作的规范化、制度化，依照《国务院关于建立健全普通本科高校、高等职业学校和中等职业学校家庭经济困难学生资助政策体系的意见》（国发〔2007〕13号）、《普通本科高校、高等职业学校国家奖学金管理暂行办法》（财教〔2007〕90号）以及《关于印发湖南省国家奖学金评审办法的通知》（湘学助〔2012〕号）等文件精神，结合我校实际，制定本办法。

第二章　奖励标准及申请条件

第四条　国家奖学金的具体指标由湖南省教育厅、湖南省财政厅下达至学校。国家奖学金的奖励标准为每人每年8 000元。

第五条　国家奖学金的申请条件：

（1）申请国家奖学金的学生为二年级以上（含二年级）的学生；

（2）热爱社会主义祖国，拥护中国共产党的领导；

（3）自觉遵守宪法和法律，遵守学校各项规章制度和大学生文明行为准则，全年无不良行为和违纪现象；

（4）诚实守信，道德品质优良；

（5）在校期间学习成绩优秀。学习成绩或综合考评成绩排名在评选范围内位于前10%，且没有不及格科目；

（6）社会实践、创新能力、综合素质等方面特别突出。

对于学习成绩和综合考评成绩排名没有进入前10%的学生，但排名达到前30%的学生，如在其他方面表现非常突出，可申请国家奖学金，但需提交详细的证明材料。其他方面表现非常突出是指在道德风尚、学术研究、学科竞赛、创新发明、社会实践、社会工作、体育竞赛、文艺比赛等某一方面表现特别优秀，具体如下：

①在社会主义精神文明建设中表现突出，具有见义勇为、助人为乐、奉献爱心、服务社会、自立自强的行动，在本校、本地区产生重大影响，在全国产生较大影响，有助于树立良好的社会风尚。

②在学术研究上取得显著成绩，以第一作者发表的论文被 SCI、EI、ISTP、SSCI 全文收录，以第一、二作者出版学术专著（必须通过专家鉴定）。

③在学科竞赛方面取得显著成绩，在国际和全国性专业学科竞赛、课外学术科技竞赛等竞赛中获一等奖（或金奖）及以上奖励。

④在创新发明方面取得显著成绩，科研成果获省、部级以上奖励或获得国家专利（必须通过专家鉴定）。

⑤在体育竞赛中取得显著成绩，为国家争得荣誉。非体育专业学生参加省级以上体育比赛获得个人项目前三名，集体项目前两名；高水平运动员（特招生）参加国际和全国性体育比赛获得个人项目前三名，集体项目前两名。集体项目应为主力队员。

⑥在重要文艺比赛中取得显著成绩，参加国际和全国性比赛获得前三名，参加省级比赛获得第一名。集体项目应为主要演员。

⑦获全国三好学生、全国优秀学生干部、全国社会实践先进个人、全国十大杰出青年、中国青年五四奖章等全国性荣誉称号。

除上述七方面之外，如在其他方面有同等级别的特别优秀表现，在国家奖学金评审中也可作为突出表现提交相关资料。

⑧在校学习期间无违纪受处分记录。

第三章 评 审

第六条 国家奖学金每学年评审一次，实行等额评审，坚持公开、公平、公正、择优的原则。同一学年内获得国家奖学金的学生可以申请并获得国家助学金，但不能同时获得国家励志奖学金。

第七条 符合申请条件的学生填写并向所在学院提交《国家奖学金申请审批表》（以下简称《申请审批表》）。

第八条 各系部依据本办法，结合本系部专业、班级和学生的具体情况，制定工作方案。如遇特殊情况，及时以书面形式请示校资助领导小组审定后执行。

第九条 辅导员组织本班学生进行民主评议和推荐，辅导员在《申请审批表》上签署推荐意见并上报各系部。各系部根据申请学生的条件及有关材料，进行综合评议，确定初审名单并进行5个工作日的公示。公示无异议后，各系部在《初审名单汇总表》及《申请审批表》上签署意见，报送校学生工作部。

第十条 系部提交的名单由校学生工作部复审，校资助工作领导小组审核、评定。评定结果在全校公示5个工作日（受理单位为学校纪委、监察处、学工处），无异议后上报省学生资助管理中心。

第四章 奖学金发放及管理

第十一条 上级部门批复并拨款后，学校将国家奖学金一次性发放给获奖学生，颁发国家统一印制的奖励证书，并记入学生学籍档案。

第十二条 各系部应切实加强管理，认真做好国家奖学金评审和发放工作，确保国家奖学金用于奖励特别优秀的学生。

第五章 附 则

第十三条 本办法由校学生工作部组织实施并负责解释。

第三节　湖南电气职业技术学院国家励志奖学金评定办法

湖南电气职业技术学院国家励志奖学金评定办法

第一章　总　则

第一条　国家励志奖学金是为激励家庭经济困难的学生勤奋学习、努力进取，促进学生在德、智、体、美等方面得到全面发展而设立的专项奖学金。

第二条　国家励志奖学金用于奖励资助高校全日制本、专科（含高职、第二学士学位）学生中品学兼优的家庭经济困难学生。

第三条　为保证国家励志奖学金评审和发放工作的规范化、制度化，依照《国务院关于建立健全普通本科高校、高等职业学校和中等职业学校家庭经济困难学生资助政策体系的意见》（国发〔2007〕13号）、《普通本科高校、高等职业学校国家励志奖学金管理暂行办法》（财教〔2007〕91号）的文件精神，结合我校实际，制定本细则。

第二章　奖励标准及申请条件

第四条　国家励志奖学金的具体指标由省教育厅、省财政厅下达至学校，学校根据各系部在校生人数及家庭经济困难学生分布情况划分名额，国家励志奖学金的奖励标准为每人每年5 000元。

第五条　国家励志奖学金的申请条件。

（1）申请国家励志奖学金的学生为二年级以上（含二年级）的学生；

（2）热爱社会主义祖国，拥护中国共产党的领导；

（3）遵守宪法和法律，遵守学校规章制度；

（4）诚实守信，道德品质优良；

（5）在校期间学习成绩优秀；

（6）家庭经济困难，生活俭朴；

（7）在校学习期间无违纪受处分记录。

第三章　评　审

第六条　国家励志奖学金每学年评审一次，坚持公开、公平、公正、择优的原则。同一学年内获得国家励志奖学金的学生可以申请并获得国家助学金，但不能同时获得国家奖学金。

第七条 符合申请条件的学生填写并向所在学院提交《国家励志奖学金申请审批表》（以下简称《申请审批表》）。

第八条 各系部依据本办法，结合本系部专业、班级和学生的具体情况，制定工作方案。如遇特殊情况，及时以书面形式请示校资助领导小组审定后执行。

第九条 辅导员组织本班学生进行民主评议和推荐，辅导员在《申请审批表》上签署推荐意见并上报各系部。各系部根据申请学生的条件及有关材料，进行综合评议，确定初审名单并进行5个工作日的公示。公示无异议后，各系部在《初审名单汇总表》及《申请审批表》上签署意见，报送校学生工作部。

第十条 系部提交的名单由校学生工作部复审，校资助工作领导小组审核、评定。评定结果在全校公示5个工作日（受理单位为学校纪委、监察处、学工处），无异议后上报省学生资助管理中心。

第四章 励志奖学金发放及管理

第十一条 上级部门批复并拨款后，学校将国家励志奖学金一次性发放给获奖学生，颁发国家统一印制的奖励证书，并记入学生学籍档案。

第十二条 获得国家励志奖学金的学生，如果瞒报家庭经济情况、弄虚作假、铺张浪费、有不良嗜好，取消以后学年的参评资格，并收回奖学金。

第十三条 各系部要切实加强管理，认真做好国家励志奖学金的评审和发放工作，确保国家励志奖学金真正用于奖励资助品学兼优的家庭经济困难学生。

第五章 附 则

第十四条 本办法由校学生工作部组织实施并负责解释。
第十五条 本办法自发布之日起执行。

第四节 湖南电气职业技术学院
国家助学金评定办法

湖南电气职业技术学院国家助学金评定办法

第一章 总 则

第一条 为体现党和政府对普通本科高校、高等职业学校家庭经济困难学生的关怀,帮助他们顺利完成学业,根据《国务院关于建立健全普通本科高校、高等职业学校和中等职业学校家庭经济困难学生资助政策体系的意见》(国发〔2007〕13 号)和《财政部、教育部关于〈普通本科高校、高等职业学校国家助学金管理暂行办法〉的通知》(财教〔2007〕92 号)文件精神,结合学院实际情况,制定本办法。

第二条 国家助学金由中央和地方政府共同出资设立。中央部门所属高校国家助学金所需资金由中央财政负担。地方所属高校国家助学金所需资金根据各地财力及生源状况由中央与地方财政按比例分担。

第三条 国家助学金按学年申请和评审,坚持公开、公平、公正的原则。

第四条 国家助学金用于资助高校全日制本专科(含高职、第二学士学位)在校生中家庭经济困难的学生。

第五条 同一学年内,申请并获得国家助学金的学生,可同时申请并获得国家奖学金或国家励志奖学金。

第二章 组织机构

第六条 国家奖学金的评定工作在学院学生资助工作领导小组的领导下,由院学生资助管理中心组织实施。

第七条 各系由分管学生工作的负责人、辅导员、班主任组成国家助学金评选工作领导小组,具体负责本系国家助学金的评选工作。

第三章 资助标准与申请条件

第八条 国家助学金主要资助家庭经济困难学生的生活费用开支。
国家助学金标准按学生家庭困难程度分为 A、B、C 三档。A 档为特别困难家庭学生，资助标准为每生每年4 000元；B档为困难家庭学生，资助标准为每生每年3 000元；C档为比较困难家庭学生，资助标准为每生每年2 000元。家庭经济困难学生的贫困程度按《湖南电气职业技术学院家庭经济困难学生认定办法》认定。

第九条 国家助学金基本申请条件。
（1）热爱社会主义祖国，拥护中国共产党的领导；
（2）遵守宪法和法律，遵守学校规章制度；
（3）诚实守信，道德品质优良；
（4）勤奋学习，积极上进；
（5）家庭经济困难，生活俭朴（经学校学生资助工作领导小组审批通过后认定为家庭经济困难学生）。
（6）在校学习期间无违纪受处分记录。

第四章　评审程序

第十条 名额分配。学院学生资助中心根据省财政厅、省教育厅下达的我院国家助学金名额，根据各系学生人数，提出建议分配名额并报学院资助工作领导小组批准后，下达各系部国家助学金名额。

第十一条 个人申请。学生根据国家助学金评定条件，向班主任申请并递交《普通高等学校国家助学金申请表》。

第十二条 班级评审。各班根据评定条件和名额，结合学年家庭经济困难学生等级认定情况，按公开、公平、公正的原则进行评审（应按家庭经济特别困难、困难、比较困难依次考虑），并将通过评审的《普通高等学校国家助学金申请表》和名单汇总到系部。

第十三条 系部评审。各系部根据评定条件和下达的名额，对各班上报的国家助学金名单进行审批，等额推荐出享受国家助学金资助的初选名单及资助档次，并在全系范围内公示5个工作日。公示无异议后，将《国家助奖学金申请表》交学院学生资助管理中心（分别以纸质和Excel文档形式上报）。

第十四条 学院学生资助管理中心对各系上报名单进行审核并报学院资助工作领导小组审定。

第十五条 名单经学院学生资助工作领导小组集体审定后报送省教育厅备案。

第五章　国家助学金的发放及受助学生的管理

（1）国家助学金由学院按月发放给受资助学生。

（2）获得国家助学金的学生，如弄虚作假，瞒报家庭经济情况，取消以后学年的参评资格，停发助学金，并收回已发的助学金；如有生活不节俭、铺张浪费、有不良嗜好等情况，立即停发助学金。

（3）学生被取消受助资格后，增补受助名单原则在本学院、本年级学生中按本办法规定的条件和程序产生。

第十六条　各学院应切实加强管理，认真做好国家助学金的评审和发放工作，确保国家助学金用于资助家庭经济困难的学生。

第十七条　本办法自发布之日起开始执行。

第十八条　本办法由湖南电气职业技术学院学生资助管理中心负责解释。

第四篇
腾飞·电气

智今・由戸

第四篇

第八章

创新创业·竞赛情况

第一节　湖南电气职业技术学院关于加强大学生创新创业工作的实施意见

湖南电气职业技术学院
关于加强大学生创新创业工作的实施意见

为认真贯彻落实党的十八大精神和《国家中长期教育改革和发展规划纲要》《国家中长期人才发展规划纲要》《关于做好2016届全国普通高等学校毕业生就业创业工作的通知》（教学〔2015〕12号）文件要求，不断增强学生的创新创业意识，发展学生个性和特长，激发学生创新思维，提升学生创业能力，努力培养创新创业型人才，结合实际，现就加强我校大学生创新创业工作提出如下实施意见。

一、充分认识加强大学生创新创业工作的重要意义

创新是民族发展进步的灵魂，创业是国家发达强盛的动力。党的十八大报告强调，"全面实施素质教育，深化教育领域综合改革，着力提高教育质量，培养学生创新精神"，"鼓励多渠道多形式就业，促进创业带动就业"。大学生是最具创新创业潜力的群体之一。对大学生进行创新创业教育，积极鼓励学生创新创业，是适应当前经济社会发展的一种教学新理念、办学新模式，是高校服务于创新型国家建设的重大战略举措，对促进学校各项建设、科学发展，深化教育教学改革，提高人才培养质量具有重要的现实意义。

我院被评为湖南省示范性（骨干）高职院校验收优秀学院，必须进一步深

化教育教学改革和创新人才培养模式，把学生创新能力、创业能力和应用实践能力的培养放到更加突出的位置。大力推进大学生创新创业教育，是贯彻落实党的十八大精神的实际行动，是我院人才培养模式走应用型特色道路的需要，是人才培养工作更好地服务经济社会发展的需要。学院各单位要进一步提高认识，加强领导，精心组织，狠抓落实，努力开创我校大学生创新创业工作的新局面。

二、加强大学生创新创业工作的指导思想和基本要求

加强大学生创新创业工作，要以转变教育思想、更新教育观念为先导，以提升学生的创新精神、创业意识和创新创业能力为核心，以改革人才培养模式和教育教学模式为重点，坚持课内和课外相结合、校内和校外相结合、普及和提高相结合、训练和竞赛相结合、创新和创造相结合、创业和就业相结合，构建高效有序的大学生创新创业工作平台，完善科学合理的规章制度，丰富功能互补的实践资源，落实行之有效的保障机制，把大学生创新创业教育融入学校人才培养的全过程，全面提升学生的知识应用能力、实践创新能力和自主创业能力，构建符合我院实际、凸显学院特色的大学生创新创业工作体系。

三、建立推进大学生创新创业工作的运行机制

（一）成立创新与创业教研室

该教研室面向全体在校学生，既负责创新创业教育指导，又承担创新创业实践训练。创新与创业教研室加强我校大学生创新创业工作的重要平台。

（二）进行课程建设改革

在课程设置中，根据各二级学院、各专业特点开设具有创新创业教育特色的课程，如《创新学》《职业生涯规划》《创业教育基础》等。在课程建设与课堂教学中，创新课程内容和教学方法、手段，及时介绍创新创业教育研究的最新成果，编写符合我校实际的大学生创新创业教育教材。

（三）进行实验教学改革

在实验教学中，在综合性、设计性实验的基础上，开设创新创业性实验项目。校内所有基础实验室、实训基地，在完成正常教学、科研任务的前提下，对学生全面开放，鼓励学生利用第二课堂时间从事创新创业实践，鼓励学生深度参与有关科研项目和教师的科研课题研究。同时，根据工作需要，创新创业教研室可直接管理、使用或建设一定数量的大学生创新创业实验室（工作室）。

（四）强化创新创业实践训练

学校加大投入，同时争取社会支持，积极资助学生创新创业活动。每年举办一定数量的创新创业实践班，审立若干项创新创业课题项目（活动），确保更

多学生接受创新创业实践锻炼。扶持打造重点创新创业项目（活动），积极参加大学生创新创业项目（活动）竞赛。不断创新发展大学生科技文化艺术节、大学生社会实践活动、大学生社团节等活动，进一步强化学生的创新创业实践训练。

（五）鼓励在校学生休学创业

凡创办科技型企业的学生，可视为其参加学习、实训、实践教育，并按相关规定计入学分。在规定时间内，可重返学校完成学业。

（六）进行激励表彰

定期对学生的创新创业成绩与成果，组织专家评选认定，定期评选大学生"学术科技创新奖""自主创业奖""创新创业人才奖"等，对优秀学生、优秀指导教师、优秀项目（活动）、优秀组织单位予以表彰奖励。

四、建立健全大学生创新创业工作保障体系

（一）加强组织领导

为加强大学生创新创业工作的统一领导，学校成立由院长任组长，分管院领导任副组长，有关部门负责人为成员的大学生创新创业工作领导小组，定期研究部署创新创业工作，审定工作制度，统筹教育资源，决定重大事项。各系部成立大学生创新创业工作小组，由系主任任组长，分管学生工作的党总支副书记和分管教学、实验工作的副主任任副组长，负责本部门大学生的创新创业工作。

（二）设立大学生创新创业基金

学校首批设立专项资金作为大学生创新创业工作基金，用于创新创业学院的成立和全校创新创业工作的启动。同时，积极争取成功校友、知名企业和其他社会力量，在校设立大学生创新创业奖学金，为大学生创新创业实践和成果孵化提供多渠道资金扶持。

（三）抓好创新创业师资队伍建设

采用全校选拔培养、人才引进等方式，在创新创业学院建设一支开展学生创新创业教育的专职师资力量；鼓励和支持有能力的学团干部开设创新创业教育课程；对其他学院参与创新创业工作的兼职教师，给予工作量认定，计入年终量化考核；采用"走出去、引进来"的模式，鼓励支持从事创新创业教育的教师到企业、公司、研究所等社会单位挂职锻炼，参与社会行业的创新创业实践；积极聘请社会知名企业家、创业成功人士、校外专家学者为兼职教师，建立一支专兼结合的高水平创新创业教育教师队伍。

（四）营造大学生创新创业文化环境

学校组织从事创新创业教育的教师，及时对创新创业工作的关键问题、前沿问题、热点和难点问题进行研究，鼓励教师申报各级创新创业教育课题；搭建创新创业活动学生交流平台，支持参与创新创业的优秀学生参加校内外学术活动，为学生创新创业工作提供经验交流、成果展示、共享资源的机会；积极邀请社会知名企业家、创业成功人士、专家学者，来校举办辅导讲座、事迹报告等课外创新创业教育活动，开阔学生的视野，完善学生的知识结构，进一步推进大学生创新创业工作；通过报刊、广播、电视、网络等媒体，积极宣传创新创业教育的新举措和创新创业工作的新成效，积极营造浓厚的大学生创新创业文化氛围。

（五）重视创新创业工作科学化管理

建立健全教学、科研、学工、就业等多部门参与的创新创业工作协调机制，以创新创业学院为平台，统筹安排全校创新创业教育、实践基地建设、创新创业政策扶持和指导服务等工作，积极构建创新创业人才培养体系，形成全校上下齐抓共管的工作格局，不断提高我校办学水平和人才培养质量，进一步推进学校内涵发展。

湖南电气职业技术学院
2016 年 2 月 16 日

第二节　湖南电气职业技术学院大学生创新创业活动实施方案

湖南电气职业技术学院
大学生创新创业活动实施方案

2016 年是学院全面深入贯彻落实党的十八大精神、实施"十三五"规划开局之年。根据国家教育部、省委、省政府和省委高校工委关于大力鼓励和支持大学生创新创业活动的相关文件，以及教育部《关于做好2016届全国普通高等学校毕业生就业创业工作的通知》（教学〔2015〕12 号）精神，结合学院实际情况，制订本实施方案。

一、指导思想

以习近平总书记关于加快实施创新驱动发展战略、关于创新发展的论述为指导，深入学习贯彻党的十八大精神，大力推进"人才强国"战略，以培养创新创业型人才为核心，转变教育思想观念，改革人才培养模式，强化创新创业能力训练，着力培养大学生的创新意识、创业精神和创业能力，构筑"创新创业教育、素质教育、专业教育"三位一体的创新创业教育体系，营造良好的大学生创新创业氛围，提高教育教学质量，努力开创学校教育教学工作的新局面。

二、工作目标

通过实施一系列大学生创新创业活动，强化大学生创新创业能力的训练，提升大学生的综合素质，增强大学生的创新意识和在创新基础上的创业能力，帮助大学生转变就业观念、培养创业意识、树立创业信心、掌握创业技能、提高创业管理水平，促进学院构建创新创业教育体系，不断提高人才培养质量。

三、主要形式

（一）每月举行一次创新创业沙龙活动

在学校素质教育部和招生就业处的共同指导下，每月举办一次大学生创新创业沙龙活动，印制创业知识宣传简报，邀请有创业经历的优秀毕业学生回校传授创业经验；学校网站开设创业专栏，将各类创业信息和政策及时公布；通过各类丰富多彩的创新创业活动培养学生勇于探索、敢于创新、奉献社会的精神。

（二）搭建高校创新创业实践活动、项目孵化和指导服务平台

为发展学生特长，培养创新能力，在"创新择优、兴趣驱动、注重过程"的原则下，鼓励成绩优良、有创业潜质的学生或学生团队在老师的辅导下开展创业项目的策划。经学生自主申报，素质教育中心论证、学院考核，选择目标明确、具有自主性和创新性的优秀项目，给予资金和场地方面的支持。学校内开辟创新创业基地，设办公区、商铺区、会议室、洽谈区、文印通信区等办公场所，为学生自主创业提供良好的发挥空间。

（三）抓好大学生创业体验项目的试运行

结合学院实际，在大学生中广泛开展创业教育和创业实践活动，鼓励大学生创业项目试运行，着重培养学生的创新创业能力。通过在学院全面开展大学生创新创业活动，为在校大学生每年提供一定的无息贷款，扶持、培育3~5个创新创业项目正常运转。

（四）探索开设创业基础等课程

针对高校创新创业教育课程体系建设现状，探索创造出新的创新创业素质模型课程体系，使课程体系规范化。多途径地推行开放式实践课程，大力推进多元支持的延伸课程建设，从而激发大学生的自主学习能力和创新创业能力，为他们的个性发展提供更大的空间。

（五）加强创新创业教育师资队伍建设

创业教育要注重培养大学生的创业意识、创业思维、创业技能等综合素质，引导大学生培养自主、自信、勤奋、坚毅、果敢、诚信等品格。学校成立"大学生创业中心"，设立大学生创业办公室，由专人负责大学生创新创业工作，积极制定大学生创新创业活动计划。选择有丰富教学和实践经验的老师作为教学工作"导师"，引导其他教师改变思想观念，树立新的教育理念，明确创业教师培训要求，使创新意识和创新能力在教师培养的过程中有更大的发展空间。

四、活动步骤

大学生创新创业实施方案从2016年2月开始实施，至年底结束，具体分为审核宣传、推进实施、半年度总结提升、再推进实施、年度总结提升五个步骤。

（一）审核宣传（2月至3月中旬）

审核学生创业策划案，确定学生创业项目，上报创业明细项目。印制第一期创业知识简报，组织举办学生创业体验项目论证会，研究部署大学生创新创业活动实施方案。

（二）推进实施（3月中旬至6月底）

根据学校上半年创业沙龙活动具体安排，认真落实每月工作计划，合理组织学生参加活动。

（三）半年度总结提升（7月至8月）

认真总结上半年活动开展的情况和经验做法，制定下半年的工作计划。

（四）再推进实施（9月至11月底）

根据学校下半年创业沙龙活动具体安排（待制定），认真落实每月工作计划，合理组织学生参加活动。

（五）年度总结提升（12月）

认真总结全年度活动开展的情况和经验做法，形成务实管用、简便易行的制度，探索增强内生动力、推动科学发展的长效机制。

五、组织与分工

（一）组织机构

在学校已有的创业协会基础上，成立学校大学生创业中心。学校大学生创业中心是湖北省大学生创新创业俱乐部的分俱乐部。为保证活动计划的顺利实施，学校成立大学生创新创业工作领导小组，负责活动的统筹规划、政策制定和经费保障。

大学生创新创业工作领导小组组织机构如下：

组　　长：分管副院长。

副组长：学工部部长、招生就业处处长、各二级学院党总支书记。

成　　员：学工部副部长、各二级学院就业专干。

大学生创业中心负责对学生创新创业项目和业务指导，相关职能部门分工协作，负责各项目的日常管理。

(二) 组织分工

大学生创新创业工作领导小组主要负责活动项目的整体规划和宏观指导，审定各类创业项目，招生就业处根据创业项目确定具体资助资金的划拨，协调日常管理工作。

所有创新创业项目实行指导教师负责制，指导老师应全程跟踪指导，将学生在创业过程中遇到的问题及时上报给学校素质教育中心和招生就业处，再由相关业务部门处理。

湖南电气职业技术学院素质教育部

2016 年 2 月 25 日

后　记

　　历史在前进，时代在变革，学院在发展。作为湖南电气职业技术学院学生管理的职能部门——学工部，在规范学生日常管理、培养学生健康人格、养成学生良好习惯等方面我们肩负着重要责任。为了引导学生详尽地了解学院，适应新环境，开始新生活，在学院领导的具体部署下，学工部牵头组织编写了本书。

　　本书在编写过程中，得到了学院党政办公室、教务处、宣传部等职能部门以及各二级学院的大力支持。学院各个部门的规范管理、严格的制度为学生的健康成长提供了有力保障，学院全体教职工的倾心关注、悉心教育为学生的成长成才提供了坚强支柱，在此，我们谨致以由衷的感谢！

　　由于编者水平有限，加之时间仓促，书中不妥之处在所难免，敬请大家对其中的错谬之处批评指正。今后我们将根据实际情况不断修订完善本书。感谢所有为这本书的编写付出辛劳的同事。

编　者